Título original: *La cura del cavallo*
Traducción: Lola Iglesias
Fotografías: ARC-EN-CIEL, Vincenzo De Maria, Ugo Bertani, Cinzia Zorzan
Dibujos: Alberto Pilotto (Ponti s/M-MN)

La autora desea expresar su gratitud a UGO, TOMMASO, MICHELE, SYLVIA, LOREDANA y a los dos INNOMBRABLES. Y de modo especial a CONSUELO y a su pequeña SUMMER'S SHEEN, DIDO, CARLO, AIKA, COCHISE, SELVAGGIA, a todo el resto de la manada, a LILLA y a NERO.

Campezo, s/n - 28022 Madrid
Tel.: 913 009 100 - Fax: 913 009 118
Impreso en España

CINZIA ZORZAN

EL CABALLO

... las razas, la psicología,
la alimentación, los primeros auxilios...

susaeta

VISTO DE CERCA

Estas páginas están dedicadas a los principiantes, a los jinetes con experiencia y a todos aquellos que, sintiéndose atraídos, desconocen el interesante mundo de los caballos. Nos dirigimos también a quien, no completamente desinformado en materia equina, se dispone a comprar un caballo por primera vez, o bien desea aprender los rudimentos básicos para cuidarlo lo mejor posible. No se trata de un manual técnico de equitación (hay muchas publicaciones específicas) ni mucho menos de un texto científico: estas páginas no pretenden otra cosa que ofrecer los primeros consejos (que, como tales, desean ser puntos de reflexión y búsquedas futuras) sobre los cuidados básicos que han de prestarse y sobre la actitud con la cual se debe afrontar la convivencia con el caballo.

Estas indicaciones pretenden sobre todo ayudar a cometer los menores errores posibles. Para cumplir este objetivo es imprescindible un veterinario que, además de tener una buena preparación médica específica, estará disponible (sobre todo en los primeros tiempos) para escuchar pacientemente y aclarar las dudas que con seguridad se suscitarán en quienes se interesan por los caballos.

Antes de decidirse a dedicar su tiempo libre a un caballo, hay que valorar todos los aspecto de la situación. Cuando nos equivocamos en la compra de un objeto cualquiera, de una prenda deportiva... lo máximo que podemos perder es un poco de dinero. Si se compra un animal ponemos en juego otras cosas además de dinero. Los caballos, dotados de inteligencia, sensibilidad y corazón, necesitan de toda la atención y acusan cualquier acontecimiento que les ataña.

La observación del comportamiento

Quien tenga algunos años de experiencia en el mundo ecuestre (con este término se alude al aspecto humanizado del mundo equino, en muchos casos más devastador que constructivo) habrá asistido al deterioro de los vínculos de amistad y amor entre hombre y caballo, debido a interpretaciones erróneas del comportamiento equino, como tomar por maldad simples intenciones defensivas.

Se asiste en calidad de testigo impotente al deterioro de espléndidos animales de trabajo por parte de personas sin escrúpulos que se aprovechan de la bondad y la timidez de los caballos para desahogar sus frustraciones reprimidas. Otras veces el entusiasmo inicial con el que algunos llegan al mundo del caballo disminuye hasta apagarse a causa de una aproximación equivocada.

LA MANADA

Aunque es verdad que hoy día vemos sobre todo corceles encerrados, para lograr una perspectiva correcta de los animales y comprender los orígenes de sus conductas ha de recordarse cómo está estructurada la sociedad de los caballos. La base de esta estructura social es la manada, organizada según una jerarquía muy precisa: en el centro del grupo se coloca el semental cabeza de manada; inmediatamente los últimos potrillos nacidos de él, luego las yeguas y, más lejos, los potros autosuficientes, los adultos y los sementales que se oponen al cabeza de manada y que aspiran a formar una manada propia. La estructura de la manada puede por tanto simbolizarse por una serie de círculos concéntricos. Cuanto más lejos del centro, y por consiguiente del cabeza de manada, más riesgos se corren y más expuestos están los animales a la amenaza de los depredadores.

En un grupo de caballos se dan conductas agresivas entre los diversos componentes. Raramente alcanzan consecuencias dramáticas, ya que suelen ser simples advertencias útiles para establecer jerarquías.

Estructura social del caballo

El caballo, animal dotado de una memoria extraordinaria, tiene una notable inteligencia y gran curiosidad; diremos que **relaciona cada cosa nueva que conoce con experiencias pasadas** y, basándose en ellos, lo valora "positivamente" o "negativamente". Es importantísimo, de principio a fin, no cometer errores porque serán causa de futuras dificultades en la convivencia con el caballo. No olvidemos que casi siempre somos nosotros (y nuestra ignorancia) los verdaderos responsables de los inconvenientes de los que acusamos al caballo.

Raramente comprenden el motivo de nuestro disgusto y del castigo que les imponemos, que por lo general sólo sirve para atemorizarlos todavía más. Un ejemplo práctico: si el caballo está asustado a causa de un objeto o de una situación, no sirve imponer nuestra voluntad con métodos brutales (gritos, golpes): lo único que haremos procediendo así será empeorar las cosas. Para ganar su confianza basta simplemente conocer lo que le asusta y eliminarlo de su entorno.

▶ Una buena aproximación inicial al caballo –como a cualquier otro ser vivo y sensible– hace indispensable tener en cuenta su punto de vista. Según recientes investigaciones los problemas de incompatibilidad que surgen entre seres humanos y caballos tienen origen principalmente en la actitud con la que los primeros se aproximan.

Es decir, los seres humanos se colocan instintivamente frente al animal como **depredadores** y es natural que esto provoque en el caballo un verdadero terror: se siente, y es, una **presa** (su vida, en otras palabras, depende de la capacidad que tenga para escapar de quien lo amenaza). No ignorar esta realidad servirá para entender por qué, a pesar de nuestro amor y de nuestra buena voluntad, el caballo reacciona, desde nuestra pespectiva, irracionalmente. Por eso es necesario recordar que no siempre lo que para nosotros es normal y factible lo es para él.

▶ El único modo que se tiene pues, para "someter" a un caballo sin atemorizarlo, es representar el papel de **garañón cabeza de manada**, cuyo liderazgo irá reconociendo nuestro animal con el paso del tiempo.

Dos ojos, dos caballos

Puede suceder que durante un paseo el caballo se asuste, a causa de un motivo cualquiera, una señal de tráfico por ejemplo: será suficiente tranquilizarlo para que siga adelante. No hay que sorprenderse si, al volver, el corcel muestra temor ante el mismo cartel: no se debe a poca memoria o falta de inteligencia, sino a la peculiar conformación física de su sistema de visión.

El caballo, en efecto, tiene **una escasa comunicación entre las dos áreas corticales del cerebro**; en la práctica eso significa que una misma imagen es captada separadamente desde cada ojo y por tanto para el animal el mismo sujeto es como si apareciese dos veces.

Esto ayuda a entender muchos de los mecanismos de fuga o de alarma que el animal tiene cuando se enfrenta a un enemigo. Un caballo no huye cuando divisa con un ojo y por primera vez a un enemigo potencial, sino sólo cuando éste se mueve y llega a ser visible por el otro ojo: a causa de sus dos campos de visión, el caballo cree ser atacado por dos predadores, y por tanto escapa.

Desde siempre, el hombre ha establecido con el caballo un vínculo sorprendente: con su ayuda controla los rebaños, cultiva los campos y se defiende de sus enemigos.

LOS MENSAJES DE LA CABEZA

A nuestro caballo le pedimos diversas cosas: pasear, correr... Para hacer un trabajo provechoso es importante que nuestro compañero esté lo más relajado posible. ¿Cómo entender pues su estado de ánimo? A este respecto puede ser útil conocer el significado de los diferentes gestos de la cabeza –el conjunto formado por las orejas, los belfos y los ojos– porque aunque cambian según el ejemplar, todos los caballos expresan igual determinados mensajes. Es decir, acercarse a un caballo, observarlo atentamente, nos permitirá no solamente percibir sus características físico-estéticas, sino también comprender sus estados de ánimo.

Los órganos del caballo que se implican primariamente en la comunicación son los ***ojos****: la vista es el sentido destinado a la recepción de las señales y a la comprensión de los mensajes de quien trabaja con él. Un adiestramiento correcto pasa pues por un sabio aprovechamiento de esta característica del caballo.*

Si los ojos le sirven al animal para entendernos, la posición de las ***orejas*** *es útil para comprender cómo reacciona ante nuestra presencia. El caballo las utiliza para confirmar o desmentir las señales interceptadas por los ojos.*

Nos presta atención o está alerta *si tiene (1): las orejas verticales y vueltas hacia la fuente de interés; si estamos montados, muestra atención cuando tiene una oreja vuelta hacia atrás y otra vuelta hacia adelante (2). El caballo goza de una capacidad auditiva bastante superior a la nuestra: sus signos de alerta pueden advertirnos de cualquier imprevisto con anticipación.* Está asustado y nos amenaza *(3) si echa las orejas hacia atrás y las pega a la nuca (un caballo enfadado visto de perfil parece no tener casi orejas).*

También la ***boca*** *es útil para comprender los estados de ánimo del caballo: tiene el belfo cerrado si está tenso; si cuelga, por el contrario, el animal experimenta un estado de relajamiento y tranquilidad. Cuando al ejecutar una orden le oímos resoplar por la nariz se puede interpretar como una descarga, una liberación de la tensión.*

Este comportamiento les permite ahorrar energía, haciendo uso de ella solamente en caso de auténtico peligro.

Estas consideraciones, que sirven para comprender todavía más algunos comportamientos del animal y para saber cómo actuar con él en las distintas situaciones, revolucionan en cierto sentido las viejas costumbres ecuestres.

En realidad es como si existieran dos caballos a los cuales debemos enseñar: un **caballo "derecho"** y un **caballo "izquierdo"**. Hay que abandonar también la costumbre de sacar el caballo, ensillarlo y subir siempre desde el lado izquierdo (comportamiento basado en la tradición militar que obligaba a los caballeros armados de espada a subir por la parte más despejada y conveniente para ellos).

A menudo el caballo está obligado a permanecer demasiado tiempo en el box: apenas suelto efectúa una serie de saltos y galopes para descargar tensiones.

Lo importante es que desde el primer día todo cuanto se haga por el lado izquierdo se haga y presente también por el derecho.

Será útil saber que los caballos no alcanzan a divisar las zonas que quedan al frente y tras ellos. Por este motivo siempre hemos de acercamos al animal dentro de su campo de visión. Deben evitarse los golpes imprevistos sobre las ancas cuando se llega de repente por detrás: el susto que provoca un manotazo dado por alguien "invisible" desencadena una reacción instintiva y súbita de alcance imprevisible.

Reflejo "razonado" e "instintivo"

Resulta evidente que el caballo, como todos los mamíferos superiores, posee un sistema nervioso muy complejo en la parte delantera del cuerpo.

En cambio la posterior está servida por una memoria "empírica", es decir, por la parte más "instintiva". Estas características generan en el caballo una especie de paranoia: percibe escasamente la parte posterior de su cuerpo y esto provoca toda una serie de reflejos condicionados: en otras palabras, el animal reacciona "sin reflexionar" a las situaciones de amenaza (defendiéndose en aquellas situaciones en las que no ve posibilidad de huir) cuando está nervioso (reacciones propias de la descarga de tensiones).

Las coces, tan peligrosas como temidas, son la reacción más conocida, y es mejor que el conocimiento no sea fruto de la experiencia directa.

Según esta teoría los miembros delanteros están bien unidos al sistema nervioso, son muy bien percibidos por el caballo y resultan por tanto controlados por la "racionalidad". Los miembros posteriores, como se ha explicado, están unidos a la parte mas "instintiva" del cerebro, y son además más musculosos y potentes que los delanteros: la naturaleza ha concentrado la fuerza en los cuartos traseros y los ha convertido en el instrumento de la defensa instintiva.

A veces, tener clara conciencia de que el caballo no conoce bien su parte posterior (aunque podemos ayudarlo) nos será útil para evitar situaciones desagradables.

MORFOLOGÍA

Como propietarios de un caballo tenemos la responsabilidad de elegir un veterinario que nos inspire confianza y nos transmita seguridad.

Entre los animales que pueblan nuestro planeta, el caballo es seguramente el más bello y armonioso: su figura reúne fuerza y elegancia.

Observando su morfología podemos deducir sus características y aptitudes; por ejemplo, un caballo con miembros y cuerpo cortos y corpulentos es apto para el tiro o los trabajos pesados, mientras que uno esbelto, delgado y elástico es más apropiado para el trabajo de picadero.

Para observar los detalles de complexión dividiremos el cuerpo del caballo en tres partes:

- una **parte anterior** donde están los órganos encargados de reconocer amenazas (los ojos sobre todo), localizar la comida y los olores familiares (nariz y pelos táctiles de los que la cabeza está muy provista);
- una **parte central** que contiene y protege los órganos vitales;
- una **parte posterior**, con músculos potentes que reaccionan instintivamente a las amenazas con acciones puramente defensivas.

PARTE ANTERIOR

LA CABEZA

▶ Normalmente tiene forma de tronco de pirámide; en algunas razas (como el purasangre árabe) es de forma triangular. En general se considera más bonita una cabeza pequeña y no demasiado larga.

Teniendo en cuenta su función de balanceo para el resto del cuerpo, será más maciza en las razas seleccionadas para el tiro y más delgada en las demás, sobre todo en el purasangre inglés y en los caballos orientales.

▶ Para verlo bien es importante observarlo de **perfil**:

–un *perfil chato* (A) con línea nasal cóncava (típico del árabe).

–un *perfil redondeado* (B) con línea nasal convexa;

– un *perfil rectilíneo* (C); línea nasal recta.

Naturalmente, existen otras formas intermedias.

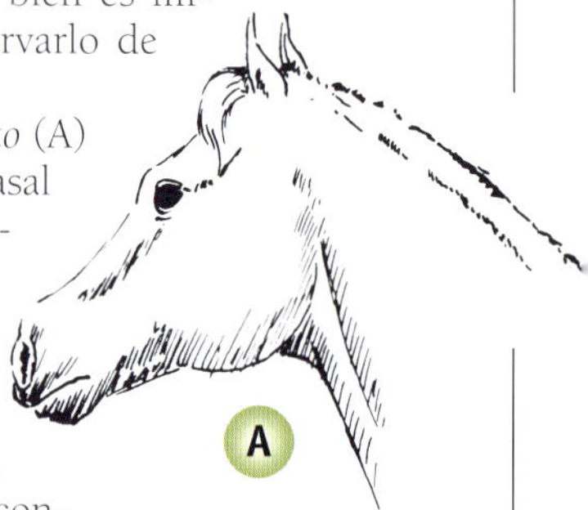
A

B

C

▶ La cabeza debe estar bien modelada, con **nuca** redondeada y **crines** abundantes que le sirven para protegerse de los insectos.

▶ Una función importante en la vida del caballo está confiada a los

TOPOGRAFÍA DEL CABALLO

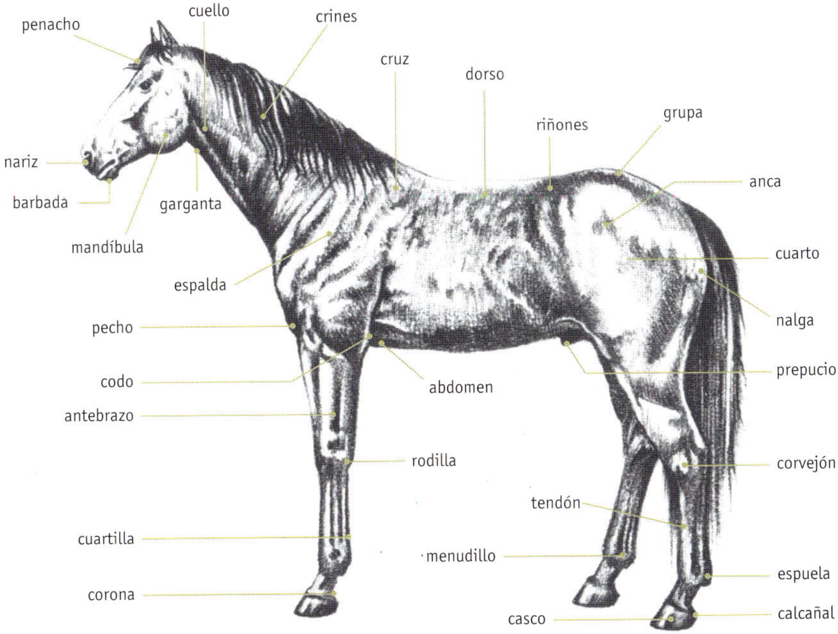

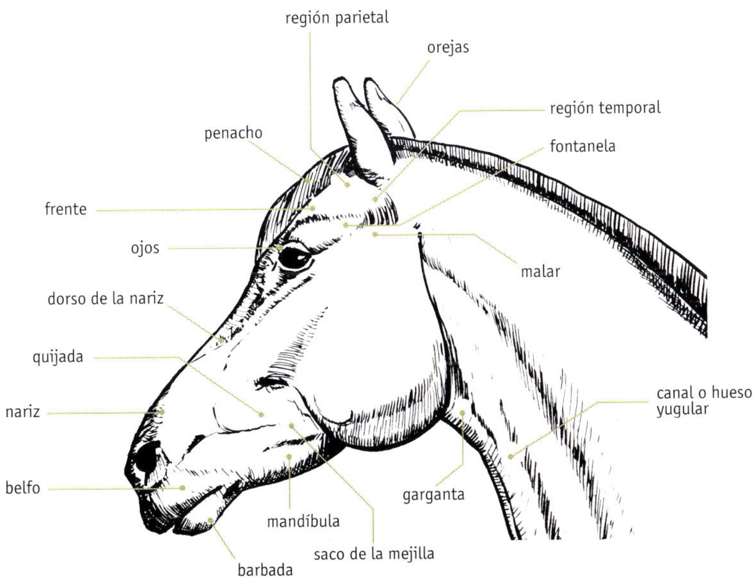

OJOS Y VISTA

A este respecto es importante saber que los caballos tienen una visión peculiar. El ojo del caballo es uno de los más grandes del reino animal y está estructurado de tal forma que ve bien sobre todo de noche. En libertad, los caballos son animales de hábitos crepusculares.

El caballo está además en condiciones de percibir el más leve movimiento a grandes distancias, pero adolece de una gran limitación: un objeto es visto nítidamente cuando queda perpendicular respecto a los ojos; si se mueve hacia el exterior del campo de visión se ve con menos nitidez hasta desaparecer del todo cuando se encuentra inmediatamente de frente o inmediatamente detrás. Además, como ya se ha dicho, al estar localizados a los dos lados de la cabeza, los ojos le suministran al caballo imágenes separadas.

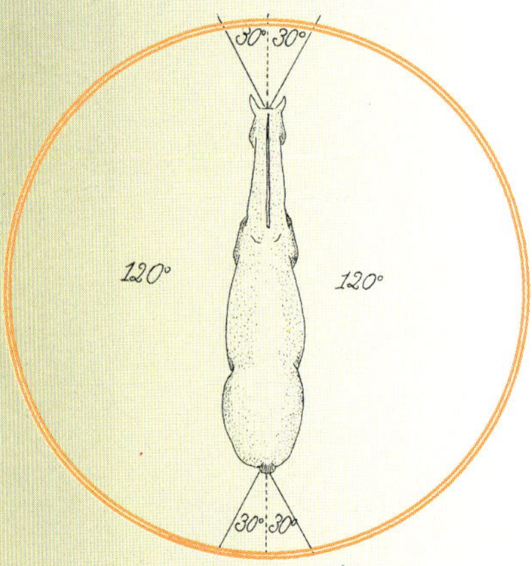

El campo de visión del caballo no le permite ver inmediatamente por delante de sus ojos y detrás de su cola más o menos en un arco de 60°. Tiene en cambio visión completa en los 120° restantes .

ojos: deben ser grandes, de color oscuro (aunque algunas razas, como la Appaloosa, tienen ojos azules, o también un ojo claro y otro oscuro en el mismo ejemplar), con párpados finos y móviles, provistos de largas pestañas. Recuérdese que además de dar expresión a toda la cabeza, los ojos son uno de los órganos en los que se basa la comunicación que los caballos establecen entre ellos y a través de los cuales perciben el mundo exterior.

▶ Sobre las órbitas tiene dos depresiones que, con la edad, se acentúan más y reciben el nombre de **fosas supraorbitales** o **fontanelas**.

▶ Las **orejas**, que deben ser pequeñas y móviles y no muy peludas en la cara interna, pueden tener formas diversas:

- si son convergentes se llaman "de zorro";
- si son demasiado largas se llaman "de mulo";
- si resultan demasiado cortas se llaman "de ratón".

LAS MANCHAS DE LA CARA

Las manchas de la cara están presentes desde el nacimiento y constituyen una característica absolutamente individual.

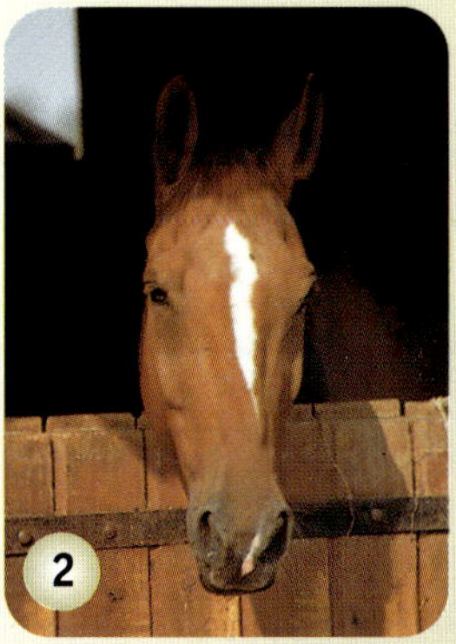

Las manchas más o menos grandes de pelo blanco sobre la frente se llaman: ***flor****, si es pequeña y de contornos irregulares;* **bola de nieve (1)***, la mancha de forma redondeada;* **estrella***, la mancha redondeada pero con contornos irregulares;* **lista (2)***, si es una franja blanca que parte de la frente y llega casi a la nariz;* **bella cara***, la mancha tan grande que cubre también la nariz;* **berrendo en blanco (3)***, cuando la mancha llega al belfo superior o inferior y la piel aparece despigmentada.*

▶ La **frente** está comprendida entre la nariz, orejas y sienes. Debe ser preferiblemente ancha, lisa y plana. Muy a menudo tiene manchas de pelo blanco llamadas *estrella*, *bola de nieve* o *flor*, según la forma que tengan.

▶ La **nariz** debe ser recta, larga y plana, y puede tener manchas de pelo blanco llamadas *listas*, en general de forma alargada; pueden ser más o menos estrechas o cubrir todo el hocico. Los orificios nasales, llamados *ollares*, provistos externamente de pelos táctiles indispensables para reconocer la calidad del alimento, son amplios y móviles. El caballo emplea también la nariz como válvula para dar salida a las tensiones acumuladas.

Un ejemplar con ojos azules atrae siempre la atención, porque es más raro que uno con ojos oscuros.

▶ La **boca** debe ser fina, con *labios* móviles y prensiles y está, como la nariz, rodeada de *pelos táctiles* que no se deben cortar. Los labios y la forma de la boca deben examinarse para:

- identificar **características individuales** (la piel de los belfos puede ser blanca, y en este caso se habla de *berrendo del belfo superior y/o del inferior*).
- verificar el **estado de relajación** del caballo (belfos colgantes);

El belfo colgando es siempre señal de relajamiento por parte del caballo.

- asegurarse de **comprar el bocado** justo que, unido a las riendas, será uno de los canales de comunicación (en este caso físico) usados para impartir señales al caballo y recibir las suyas. El bocado o embocadura deberá por tanto adaptarse a la forma de la boca: un bocado erróneo o un uso inapropiado de los hierros podrían causarle no solamente dolor constante e inflamaciones, sino también lesiones permanentes que podrían dañar la estructura ósea de la mandíbula inferior.

La cruz y el porte

▶ La importancia y la corrección del porte de la **cabeza** varía según el punto de vista desde el que se juzgue. En efecto, considerándolo desde el punto de vista del propio equino **la mejor posición (y la más cómoda para alimentarse) es llevar la cabeza baja**. A diferencia nuestra, el caballo, gracias a su particular complexión física, no sufre en esta posición una excesiva irrigación sanguínea de la cabeza, sino que, por el contrario, le es útil para estar más atento, más concentrado y pensar mejor.

Con la cabeza alta, sin embargo, el animal actúa presa de pánico por la escasa afluencia de sangre que llega al cerebro y estará por tanto más predispuesto a alarmarse, a huir y a defenderse. Cuando les pedimos que rindan en una carrera o simplemente durante un paseo debemos darles tiempo para bajar la cabeza lo bastante para entender –es decir, para pensar– las cosas que le estamos pidiendo que haga. Desde el punto de vista estético es hermoso ver un caballo que lleva la cabeza alta ("al viento") con actitud elegante y orgullosa: es una tendencia típica del caballo

de carreras o de temperamento muy fuerte, pero tiene el grave defecto de hacer al animal casi incontrolable.

En la naturaleza, el caballo no lleva la cabeza erecta, como está normalmente acostumbrado a hacer durante el trabajo con el hombre.

▶ La forma y el volumen del **cuello** son muy importantes para el equilibrio del caballo y su coordinación en todos los movimientos: el ejemplo más evidente se observa en un caballo tumbado cuando se pone en pie. El cuello debe estar bien modelado y ser proporcionado a la cabeza y al resto del cuerpo, y debe unirse al pecho de forma armoniosa. Si no es así será posible identificar en los dos lados una o más depresiones sobre la musculatura denominadas "golpe de lanza" o "golpe de hacha".

El cuello puede ser, según las razas, **más o menos largo y elástico**: será más corto y macizo en las razas de tiro o de trabajo pesado y más delgado y flexible en los de carreras. Desde el punto de vista ecuestre, la corrección en el **porte** varía según la disciplina deportiva que vaya a practicar el animal. Por ejemplo, los caballos para monta *western* deben llevar el cuello paralelo al suelo; los caballos de doma lo deben tener recogido.

De arriba hacia abajo: alzada normal, corta y pesada, de cuello de ciervo.

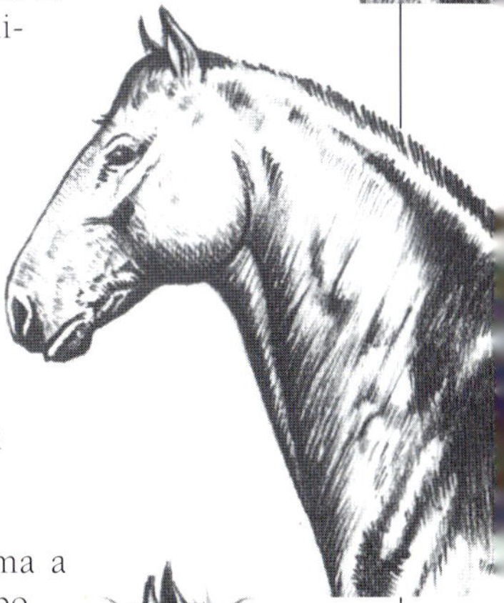

▶ **Pecho** se llama a la parte del cuerpo que hay entre el cuello y los miembros anteriores: debe ser marcadamente ancho y musculoso en los caballos de trabajo pesado, y menos en los de carreras.

Los cuartos delanteros

Son muy importantes para la valoración morfológica general del caballo además de para sus funciones naturales; deben estar proporcionadas al resto del cuerpo y adecuarse al trabajo al que esté destinado: en las razas de tiro o de trabajos pesados los miembros son más gruesos que en los de carreras. La extremidad delantera está compuesta de espalda, brazo, codo, antebrazo, rodilla, corvejón, menudillo, cuartilla, corona y casco. Si estas partes están proporcionadas tendremos un caballo que se mueve armoniosamente en toda las andaduras.

▶ Los extremos de las patas delanteras tienen a veces zonas de pelo blanco que se llaman **armiños**, que pueden ser cortas, largas o medias y aparecer sobre alguna de las patas o en todas.

▶ La extremidad es correcta cuando la línea que parte desde la punta de la espalda, cayendo a plomo, divide en partes iguales la extremidad hasta el casco; lateralmente sin embargo la línea que parte de la mitad del antebrazo, cayendo a plomo, corta en dos la extremidad hasta el menudillo y llega un poco por detrás de los calcañales. Cuando el **aplomo** no corresponde a estas medidas y proporciones estamos en presencia de defectos, sólo estéticos algunos o de salud a veces.

Parte central

En la parte central del cuerpo del caballo encontramos alojados los **órganos vitales**. En el exterior se distinguen estas zonas: la cruz, el dorso, la región lumbar, el vientre, la región de las cinchas o flancos y el tórax.

APLOMOS CORRECTOS

Una buena complexión de los miembros no significa solo medidas correctas y partes proporcionadas, sino sobre todo unas angulaciones correctas entre los huesos y por consiguiente un reparto equitativo de las necesidades. Para los miembros delanteros la línea que cae a plomo desde el extremo de la espalda (1) debe dividir en dos partes iguales la extremidad hasta la punta del casco; la línea que cae a plomo desde la punta del antebrazo (2) divide en dos la extremidad hasta el menudillo y cae detrás de los calcañales. En los miembros posteriores (3), la línea que cae a plomo desde el isquion debe tocar el suelo siguiendo el perfil del metatarso a 8-10 cm detrás del calcañal; cayendo a plomo desde el anca debe en cambio tocar tierra entre la punta del calcañal y la pezuña.

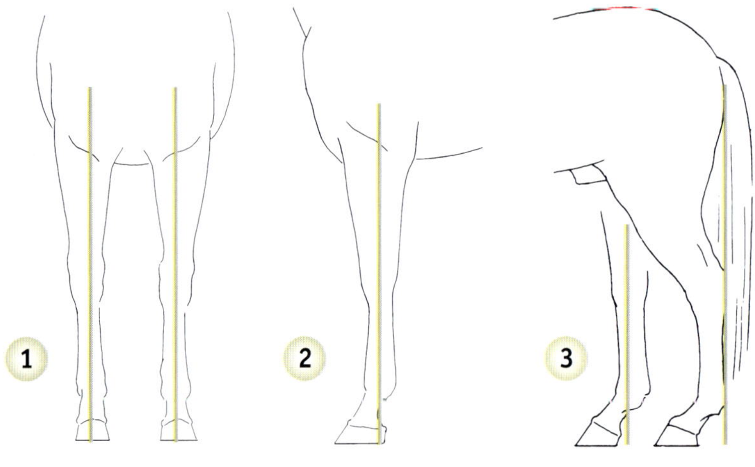

su función de protección de los órganos internos. El dorso puede estar configurado de diversas formas, lo que motiva a su vez distintas denominaciones:

- se dice que es *bueno* cuando se presenta recto y musculoso;
- es *defectuoso* cuando resulta demasiado corto o demasiado largo, cuando por la altura exagerada de la grupa está inclinado hacia la espalda, cuando es demasiado enjuto y deja ver las apófisis vertebrales.
- se llama *arqueado* al dorso cóncavo. Está considerado un defecto, si bien una curva ligera próxima a las primeras lumbares en una raza de trabajo es considerada, por el contrario, señal de fuerza;
- se llama *doble* al dorso que, por su gruesa masa muscular, presenta un pequeño surco en el centro.

Los armiños, así como las manchas sobre el hocico, están presentes en el caballo ya en el momento del nacimiento, y lo distinguen toda la vida.

▶ La **cruz** o **alzada** corresponde a las apófisis vertebrales que hay en la base del cuello. Es anatómicamente importante porque integra los músculos del cuello y la espalda. No debe parecer demasiado pronunciada pero tiene que ser fácilmente identificable; es generalmente más vistosa en las razas de monta que en las de trabajo. La **alzada del caballo** se mide desde el punto más alto de la cruz al suelo, y es una de las principales características del corcel.

▶ El **dorso** es la parte sobre la cual se apoya la **silla** o montura y se extiende desde la cruz a la región lumbar; es una zona bastante rígida como corresponde a

▶ La **región lumbar** se extiende desde el final del tórax al inicio de la grupa. La que es flaca y está mal unida (con depresión en la unión con las vértebras dorsales) es defectuosa; tiene que ser breve, ancha y musculosa.

▶ El **vientre** corresponde a la región abdominal; continuará armónicamente la línea de las costillas y de los flancos.

El equilibrio psicofísico del Quarter Horse lo hace insuperable en el trabajo con la manada: tiene un carácter equilibrado, tranquilo pero atento, y la capacidad de selección ha permitido que en esta raza se haya desarrollado un extraordinario buen sentido.

PEZUÑA Y HERRADURA

La pezuña del caballo incluye la matriz córnea, o casco, con todas las partes que contiene. El casco está a su vez constituido por pared, suela y ranilla, y es una estructura no vascularizada y sin inervación, y por tanto insensible. Su función es proteger las partes internas sensibles, sosteniendo el peso del cuerpo y absorbiendo los golpes derivados del contacto con el terreno.

Un famoso proverbio inglés afirma: "No foot, no horse" *(Sin pie, no hay caballo), y esto resume exactamente lo importante que es la pezuña –su correcta conformación, herradura y salud– en la vida de nuestro animal. La pezuña debe ser proporcional al tamaño del caballo, y si esto no es así aparecerán gravísimos problemas. A menudo la selección de algunas razas ha sacrificado la correcta complexión y la funcionalidad de la pezuña para favorecer la parte estética, causando una mayor fragilidad y frecuentes apariciones de enfermedades graves. O bien es la intervención directa del hombre que, con nivelaciones especiales en las herraduras, tiende a dar a los cascos una forma más adecuada para ciertos ejercicios o formas de caminar, lo que provoca gravísimos problemas que llevan a la deformación de la pezuña y por tanto a defectos y enfermedades a veces irreparables. Se puede pues comprender que sea de vital importancia para el bienestar del caballo el trabajo, la experiencia y la profesionalidad del herrero. Un buen herrero debe tener perfecto conocimiento de la pezuña del equino, de su contenido y del funcionamiento de sus distintas partes. Es sobre todo indispensable que posea un ojo sensible y experto para atinar con los movimientos desequilibrados y los defectos que el herraje procurará remediar, teniendo en cuenta las características del trabajo a que el caballo esté destinado y conciliándolo todo con la necesidad absoluta de calibrar su intervención de tal manera que la funcionalidad de la pezuña quede intacta. Debe ser en suma una persona de probada experiencia, sin la cual no hay garantía de buen trabajo. Cada casco representa un caso especial y único que requiere una intervención y una herradura igualmente particulares; en caso de enfermedad o fractura de la pezuña es fundamental la colaboración entre herrero y veterinario.*

A excepción de los potros y las yeguas, cuya complexión es naturalmente consecuente con su estado, es defectuoso un vientre colgando o, al contrario, si está encogido.

▶ La **región de las cinchas** corresponde a la parte posterior del esternón, por donde pasan las cinchas de la silla.

▶ La conformación del **tórax** es muy importante, porque para que los órganos contenidos en su interior –corazón, una parte del esófago y sobre todo el aparato respiratorio– funcionen bien es necesario que sea ancho, alto y profundo.

Parte posterior

Esta tercera sección comprende: grupa, cola, genitales y miembros posteriores.

▶ La medida de la **grupa** se obtiene partiendo de la línea del anca hasta la punta de la nalga. La grupa será más corta en las razas de trabajo pesado o de tiro y más larga en las razas de carreras.

La inclinación de la grupa varía: es menos inclinada en los caballos de carreras y más en los animales de tiro. Se considera defectuosa cuando es excesivamente oblicua, cuando la escasez muscular la hace delgada y huesuda, y cuando es demasiado ancha y pesada en un animal ligero.

▶ La **cola** es la continuación de la grupa: debe desplegarse hacia arriba y tener gran abundancia de crines ya desde la raíz (la unión con la grupa).

▶ La observación de la **zona de los genitales** es importante para detectar patologías, para reconocer el sexo del caballo (macho o hembra) y para saber si el ejemplar que estamos observando es un semental (macho entero) o está castrado (machos a los cuales les son extirpados los testículos).

▶ Los **miembros posteriores** se componen de: muslos, nalgas, corvejones, patas, talones, jarretes, cuartillas, corona del casco y casco. Pueden presentar también armiños (mechones de pelo claro).

Como los miembros delanteros, desarrollan una función esencial y su observación es muy importante para la valoración morfológica del caballo. Desde atrás deben ser rectos y paralelos: la línea que cae a plomo desde los isquiones tiene que dividir las patas en dos partes iguales. De lado, la misma línea debe caer siguiendo el perfil del metatarso y tocar tierra a 8-10 cm por detrás del calcañal.

Suele creerse que el garañón es más difícil que el caballo castrado. Ello depende de un enfoque erróneo y de un prejuicio hecho estereotipo.

LA CAPA

Una característica del caballo que también los neófitos saben reconocer a primera vista es el color del pelaje, aunque sólo sea como consecuencia de las lecturas o las películas.

La capa se clasifica según el color de pelos y crines (también de la cola); los hay de un solo color, de dos colores separados, manchados, jaspeados o veteados, de uno o más colores degradados. En ciertas razas el color es una característica común a todos los sujetos y por consiguiente una de las principales señales de reconocimiento de los ejemplares (Murgese, Avellino, Pinto).

▶ DE UN SOLO COLOR

Negro: el pelo y las crines son negras. Según la intensidad del negro puede ser negro, rojizo o azabache.

Marrón: con pelo y crines de color pardo rojizo. Según las distintas gradaciones se llama: claro, pajizo, dorado, marrón dorado, alazán, marrón rojizo o crema.

Blanco o albino: sólo el potro blanco de nacimiento puede llamarse "albino" (o blanco); el caballo con este pelaje (que es una particularidad genética) tiene piel rosada y ojos claros.

Todos los demás caballos "blancos" tienen en realidad la piel negra y suelen nacer con capas de color gris oscuro, que se aclaran al crecer; suelen agruparse bajo la denominación "gris".

▶ A DOS COLORES

Bayo: tiene pelo marrón y crines y extremos de las patas negras. Las distintas gradaciones reciben nombres como oscuro, castaño, cerezo, dorado y lavado.

Isabela: tiene pelo amarillento dorado que se convierte en negro en las crines y en las patas; presenta una raya oscura larga en el dorso (llamada "raya de mula"). Las gradaciones son claras u oscuras.

Crema: tiene los mismos colores que el isabela, pero las crines son de igual color que el pelo.

Palomino: también en este caso el pelaje es igual al isabela, pero las crines son blancas.

Gris o **dusolino**: pelaje gris con pelo de color plomo y crines (a veces también la extremidad) negras. Más bien rara en los caballos, es más común en los asnos.

▶ A DOS COLORES MEZCLADOS

Gris: este tipo de pelaje es una mezcla uniforme de pelos blancos y negros distribuidos sobre piel negra. Puede ser ordinario si la mezcla de los dos colores es

Dos ejemplos de pelajes manchados: arriba uno pintado y a la izquierda un argentino con pelaje Appaloosa.

Coloraciones de pelaje más habituales entre los caballos. De arriba hacia abajo y de izquierda a derecha: bayo, isabela, palomino, negro, gris y marrón.

igual; claro, si predomina el blanco; gris hierro, si hay más pelo negro; gris pizarra, si se percibe un reflejo azul.
Overo: se mezclan los colores rojizo y blanco. Puede ser claro o bien oscuro, según predomine uno u otro color; se llama "flor de melocotón" si el pelo rojo forma rosetones o bien "milflores" si el pelo blanco forma manchas a modo de copos.
Marrón moteado: se mezclan el amarillo y el negro y las crines son negras.

▶ De tres colores mezclados

Ruano: tiene pelo rojo, blanco y negro, con extremidades negras. Si predomina el blanco, será claro; si es más el negro, será negro fuerte; si tiene sobre todo pelo rojo, se llamará "vinoso".

▶ Jaspeadas

Se denominan jaspeadas las capas cuyas manchas de pelo de colores diferentes son homogéneas.
Jaspeado alto: el color predominante es el blanco.
Jaspeado bajo: el pelaje es oscuro con manchas blancas.

▶ Moteadas

Se caracterizan por manchas que, según su tamaño, definen variedades como la capa arlequinada, de mosca...

Es característica la mancha que algunos ejemplares de raza Appaloosa tienen sobre la grupa.

CUÁL ELEGIR

En el momento de decidirse a comprar un caballo será necesario tener presente algunos factores importantes.

▶ No debe olvidarse nunca que el caballo es un ser inteligente dotado de buena memoria: como no tiene capacidad para proyectar su futuro, para él es muy importante su pasado.

Será tarea nuestra **tratarlo de tal forma que se le procure un "buen pasado"**, lo que influirá positivamente en el futuro de todos. En caso de adquirir caballos adultos cuya apariencia indique malos tratos o traumatismos podemos, con paciencia y afecto, restituirles la confianza y la buena disposición hacia la vida.

▶ El caballo es un ser vivo digno de nuestro respeto: tiene sentimientos y manifiesta emociones. A diferencia de una moto no puede estar "aparcado" en el box, inmóvil, si hace mal tiempo o durante una semana entera.

Al caballo es necesario dedicarle regularmente tiempo cuando hace bueno, cuando llueve, en verano y en invierno: debe alimentarse regularmente y vivir en un ambiente limpio y sano; además, siendo un animal de manada, sufre mucho con la soledad.

Muchas personas subrayan la importancia del primer "vistazo", es decir, la mirada que ser humano y caballo cruzan cuando se encuentran por primera vez: es casi como un deslumbramiento que de pronto alejase la atención de los otros ejemplares presentes. Recuérdese sin embargo que la prisa y el entusiasmo no son, en general, buenos consejeros.

ATENCIÓN A LOS TIMOS

Hay leyes que tutelan y regulan la adquisición de caballos. En general se aplican con dificultad en la venta de corceles a escala amateur. En este caso el único consejo útil es que, en la elección y la adquisición, se busquen referentes en personas de absoluta confianza, el veterinario o amigos expertos. En el momento de la adquisición procure mantener una actitud inquisitiva y objetiva: infórmese, trate de pasar a cualquier hora por los centros de venta y de trabajo, observando el ambiente, las personas y los animales, para afinar en lo posible la sensibilidad ante los diferentes pormenores.

Si estamos interesados en un caballo que tiene algún problema de salud, sólo un veterinario de confianza podrá decirnos si es posible que el animal, dándole tiempo y dispensándole los cuidados adecuados, recupere sus condiciones óptimas o si es preferible pensar en una alternativa diferente.

▶ **La época mas favorable para adquirir un caballo es la primavera,** pero hemos de saber que es en otoño cuando ciertas cuadras ponen ejemplares a la venta, y por tanto esta época puede ofrecer buenas ocasiones.

La compra

La seriedad y la atención con las que se prepara la elección de un caballo son muy importantes; una elección justa permitirá

El hombre desde siempre ha sabido aprovecharse de las características morfológicas y de comportamiento de determinadas razas para obtener de ellas las prestaciones y el trabajo que necesita en cada caso.

pasar con él momentos maravillosos; por el contrario, una valoración equivocada le hará fatigarse más obteniendo escasos resultados, y aparecerán situaciones difíciles que pueden poner en peligro al jinete. Hay que tomarse por tanto todo el tiempo necesario antes de comprometerse de manera definitiva en la elección de un determinado ejemplar, teniendo bien presente los factores que se detallan a continuación:

▶ **La experiencia** Generalmente quien está decidido a comprar un caballo no es ajeno al mundo ecuestre. Al jinete poco experto será mejor orientarle hacia un caballo maduro y afable, que compensará con su experiencia los errores de su propietario; además, la fuerza de un caballo joven, mal controlado, puede causar lamentables incidentes de consecuencias gravísimas. Ha de tenerse también en cuenta el **temperamento** del jinete: si es de carácter nervioso resulta aconsejable optar por un caballo tranquilo.

▶ **Talla** Un jinete delgado y bajo de estatura no elegirá un caballo excesivamente alto y grande; son evidentes los inconvenientes que pueden derivarse: el cansancio de gobernarlo –sólo cepillarlo ya será una empresa difícil– ensillarlo y montarlo, el peligro de no controlarlo en una situación de emergencia, el malestar que causa una posición incómoda en la silla y otros inconvenientes. Por el contrario, a un jinete alto y pesado no le conviene un caballo muy bajo, delgado y delicado: es arriesgado y puede causar graves daños a la salud del animal; además, su estampa, una vez montado, bordeará el ridículo.

▶ **Uso del caballo** Si se quiere dedicar el caballo a dar sencillos y tranquilos paseos por el campo ciertamente no convendrá un ejemplar habituado a competir en hipódromos, pero si se quiere competir en los concursos de salto y obstáculos no será adecuado en absoluto un pequeño y robusto caballo de montaña.

▶ **El ambiente donde vivirá el caballo** En el caso de que se destine a los paseos, se tomará en consideración el terreno sobre el que el animal deberá moverse: un caballo con cascos pequeños y delicados no es apto para terrenos duros y pedregosos, y por el contrario un caballo de gran alzada tendrá dificultades para desplazarse por una zona montañosa donde crezca vegetación tupida.

Una yegua mayor con su potrillo: también un animal viejo puede continuar pariendo óptimos ejemplares.

EDAD MEDIA Y LÍMITE DE EDAD

Establecer cuánto vive un caballo es muy difícil porque es raro que se le permita morir de viejo; el fin, por lo general prematuro, acontece a manos del matarife cuando el animal muestra los primeros síntomas de envejecimiento. Y esto a pesar de las declaraciones de amor que formulan tantos sedicentes apasionados por los caballos que se desprenden de su "amigo del alma" ahora viejo, haciéndoles iniciar esa parábola descendente que los llevará, después de muchos cambios de propietario, a cualquier sórdido mercado donde se compran animales destinados al matadero. De cuando en cuando se tiene noticia de algunos casos excepcionales que rozan los 40 años; parece ser que las razas más longevas son las orientales, pero hay que tener en cuenta que en esos países no se come la carne de estos animales.

La edad promedio gira en torno a los 25-30 años. Más uniforme es el lapso durante el que los caballos son dedicados a distintas disciplinas: los purasangre de carreras manifiestan su máximo de potencia entre los 2 y los 5 años; desde ese momento los mejores ejemplares son utilizados para la reproducción. El trotón tiene una carrera más larga, llegando hasta los 7-8 años: en el completo, disciplina muy ardua, los caballos se utilizan hasta los 10-12 años, y en los concursos hípicos hasta los 14-16 años. El caballo destinado al turismo ecuestre o a los paseos puede acompañar durante años y años, sobre todo si se le dedican las atenciones y los cuidados que los compañeros leales merecen.

La experiencia del veterinario y sus consejos son indispensables en el momento de elegir un caballo, sobre todo al principio.

Los consejos del veterinario

Para la adquisición es indispensable el asesoramiento de un veterinario de confianza. Después de haber visitado al ejemplar, observando su manera de moverse y el lugar en el que vive (establo, box) y, al tanto de nuestros propósitos, expresará su parecer al respecto.

▶ La visita del veterinario consiste ante todo en el **chequeo del corazón y de los pulmones**, luego examinará el cuerpo entero basándose en palpaciones y control visual: el ojo experto no pasa por alto las marcas dejadas por trastornos y enfermedades pasadas.

La **cabeza** no debe presentar señales de traumas, las orejas y los ojos tienen que estar sanos y bien limpios, la piel circundante no debe presentar anomalías. La nariz estará libre de obstrucciones y sin mocos, la dentadura no presentará malformación alguna.

▶ El **cuello** debe carecer de cicatrices o salientes; de la laringe o de la tráquea no deben provenir ruidos atípicos durante la respiración; la circulación, por otra parte, debe ser regular y firme.

▶ La **columna vertebral** y la musculatura deben examinarse con cuidado. Mucha atención merecen las **patas,** que además de estar bien conformadas no tendrán hinchazones, signos de derrames, cicatrices ni marcas de traumatismos pasados. Hay que examinar con la misma atención las pezuñas y los cascos para verificar la ausencia de defectos, podredumbres u otras enfermedades.

▶ Los **genitales** estarán sanos y limpios, el macho entero debe tener testículos descendidos y bien formados y la hembra no debe mostrar pérdidas.

▶ El **caballo en movimiento** debe observarse en libertad o conducido a mano y desde todos los puntos de vista (el frente, los lados y desde atrás). Debe moverse con soltura, en equilibrio, con buen empuje trasero y sincronizado. Un mal movimiento puede tener diferentes causas, como defectos de la estructura ósea, mala herradura, o deficientes condiciones físicas o nerviosas.

▶ Una ojeada al **ambiente** en el que vive el animal indicará si existen problemas de otro género. Por ejemplo, las marcas sobre las paredes indican que el caballo tira coces, si se muestra huraño, y la puerta o comedero están roídos, quiere decir que el animal tiene el hábito de apoyarse o de morder.

LOS DIENTES DEL CABALLO

La forma de la dentadura está unida a la edad del caballo pero es muy difícil saber cuántos años tiene un ejemplar mirándole los dientes: haría falta la experiencia de nuestros abuelos, cuando los caballos formaban parte de la vida cotidiana. Para el aficionado los dientes representan únicamente una indicación general basada en el conocimiento de su evolución en relación con la edad del caballo: al nacer, el potro está aparentemente desprovisto de dientes, que despuntan a partir de la primera semana (comenzando por los incisivos superiores); el potro tiene 24 dientes que llegan a 36 en la yegua adulta y 40 en el macho adulto (el macho tiene en realidad 2 caninos inferiores y 2 superiores raramente presentes en las yeguas). Los incisivos delanteros se inclinan gradualmente hacia afuera según envejece el animal.

El examen de la dentadura por ojos expertos aporta información útil para establecer la edad del caballo.

2 años

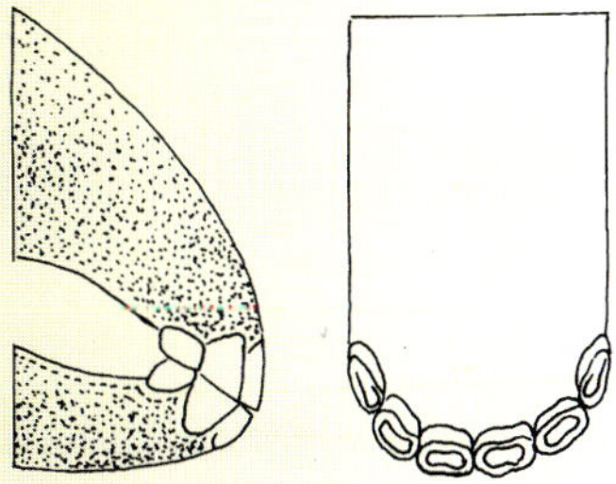

4 años

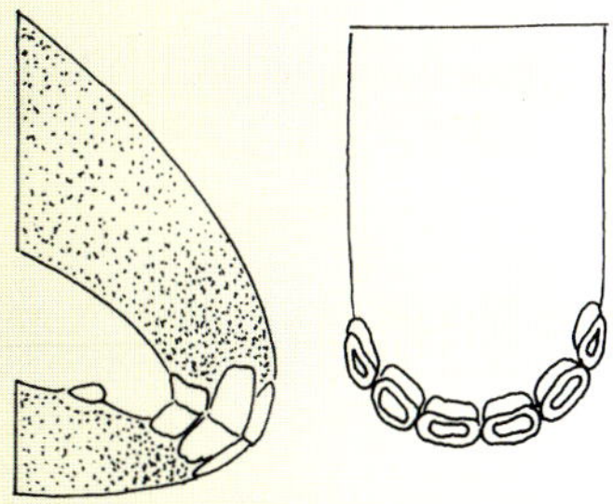

6 años

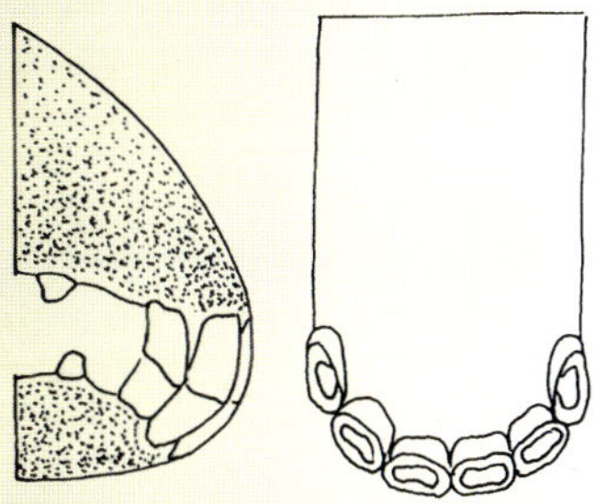

12 años

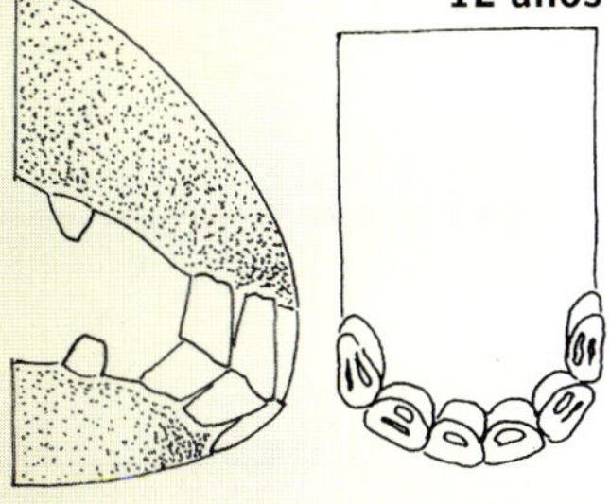

▶ Finalmente, es útil observar las **reacciones emocionales** del caballo en distintas situaciones (de visita, ensillado, cuando se le da rienda suelta, en libertad, etc.): procediendo de este modo es posible hacerse una idea del carácter y del talante del animal. Es cierto que –como ya se ha dicho– las reacciones extrañas pueden ser consecuencia de pasadas experiencias negativas, y desaparecerán en poco tiempo actuando con cautela.

todas las latitudes y en todas las zonas climáticas. Se debe a ello que, desde los tiempos más antiguos, se haya puesto en práctica la idea de emparejar ejemplares cuyas características se quieren perpetuar, con la esperanza de dar origen a una prole similar a los progenitores.

Resulta pues perceptible que los caballos criados en regiones de clima seco y caluroso tienen formas más bellas y carácter más nervioso, pero son de dimensiones humildes, mientras que en las regiones frías son de gran tamaño pero lentos y de carácter linfático. Los cruces dan origen a una serie de ejemplares que, según prevalezcan las características de uno o de otro, se prueban adecuados para diversas tareas.

Para los niños es importante el contacto con el caballo. Recuérdese sin embargo que no es aconsejable exagerar sus horas de monta, porque la posición que deben adoptar encima del animal puede ser dañina para el correcto desarrollo del esqueleto.

Las razas de silla

Por “raza” se entienden grupos de individuos de la misma especie que tienen características específicas homogéneas y transmisibles a los descendientes. Las razas se forman por selección natural, dando individuos que viven en un determinado ambiente y clima, o bien por **selección humana**. En el caso de los caballos la capacidad de adaptación al clima es casi proverbial: se encuentra difundido por

Los caballos tienden a ser de mayor tamaño donde el forraje es abundante y se hacen progresivamente más pequeños donde el pasto escasea. Según el trabajo que el animal desempeña, así será el de-

Es importante al principio detenerse a observar los pequeños movimientos del caballo: con el tiempo será posible reconocer sus mensajes.

▶ En las páginas siguientes presentamos un breve repertorio de las razas equinas que se encuentran con mayor frecuencia. Daremos además algunas noticias útiles sobre la morfología y los orígenes de cada una de ellas.

Los pormenores que ofrecemos tienen como fin sobre todo satisfacer posibles curiosidades, porque en el momento de la adquisición los cánones correspondientes a un determinado estándar de raza no deben ser factores que determinen la elección.

En el caballo buscamos las características analizadas en los capítulos anteriores: la talla adecuada del animal con respecto al físico del jinete, el tipo de trabajo que pretendemos hacer con él, la función a la que se destina, el ambiente en el cual deberá vivir y así sucesivamente.

APTITUDES

Estos símbolos indican las aptitudes de las distintas razas.

sarrollo físico de una raza determinada, ya que es el ejercicio el que forja de modo diferente las distintas partes del cuerpo que, con el tiempo, serán transmitidas a los descendientes.

De esta forma el caballo de silla, debido al trabajo que se le pide, desarrolla las dimensiones del esqueleto, alarga el cuello y los corvejones y desarrolla una grupa recta; también aumenta los ángulos de los huesos, la capacidad torácica, las dimensiones del corazón y los miembros posteriores.

PURASANGRE ÁRABE (P.S.A.)

Difusión: mundial
Morfología: caballo mesomorfo; alzada, entre 1,45 y 1,55 m; peso 380-450 kg
Cualidad: velocidad, resistencia, sobriedad y gran inteligencia
Temperamento: nervioso pero dócil

Orejas bien plantadas y distantes: pequeñas y puntiagudas en el macho, un poco más largas en la yegua

Cabeza de inconfundible belleza; **perfil** chato

Frente ancha y combada; **ojos** grandes y expresivos

Cruz, garganta y cuello forman un conjunto típico y dotado de gran belleza

Hocico pequeño con labios finos, **mandíbula** robusta y muy abierta

Narices grandes y separadas, con capacidad para dilatarse

Capa de diferentes colores: bayo, alazán, gris; puede tener marcas en la frente y armiños más o menos grandes

Este caballo compendia las cualidades de fondo que son buscadas en todas las razas y tipos de caballos: por ello está considerado como ideal y es utilizado para mejorar otras razas.

ANDALUZ

Difusión: Europa, Sudamérica
Morfología: caballo mesomorfo; altura a la cruz, 1,55-1,60 m; peso, de 480 a 600 kg
Cualidad: buen equilibrio psicofísico; usado en toda Europa para mejorar las razas
Temperamento: enérgico pero muy equilibrado

Es un caballo completo, que ofrece un óptimo rendimiento en todas las actividades, no sólo por sus excepcionales cualidades físicas sino también por las psicológicas: gran docilidad, inteligencia notable, coraje extraordinario y marcada sociabilidad. A todo esto hay que añadir su gran energía.

Cabeza rectangular, larga, **perfil** recto o ligeramente convexo; **frente** ancha con orejas de longitud media separadas y movibles

Ojos grandes, oscuros, ovalados y muy vivaces

Color gris (el más frecuente); le siguen el bayo, el alazán y el ruano

Cruz mediana, con forma arqueada y bien unida a cabeza y cuerpo, adornada de **crines** largas y abundantes, como la **cola**

LUSITANO ALTER-REAL

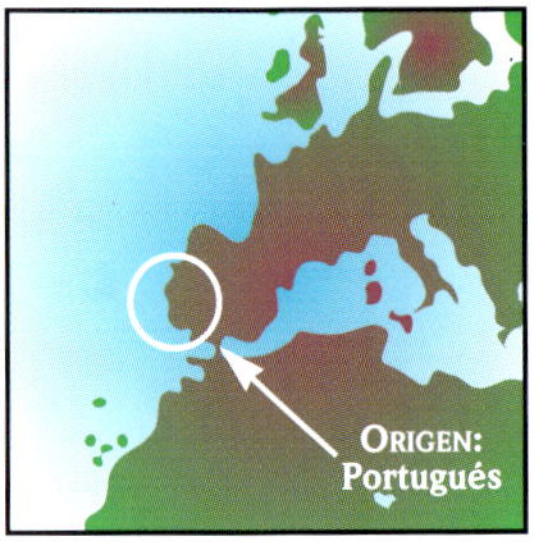

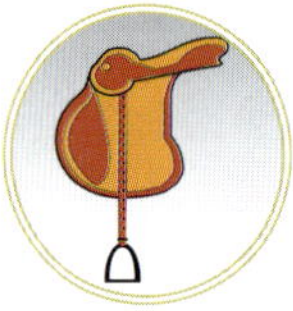

Difusión: Europa
Morfología: caballo mesomorfo; alzada, entre 1,52 y 1,65 m
Cualidad: notable equilibrio psicofísico, energía y precisión en los movimientos
Temperamento: enérgico

Todavía hoy se emplea para torear a caballo en España y en Portugal.

SALERNO

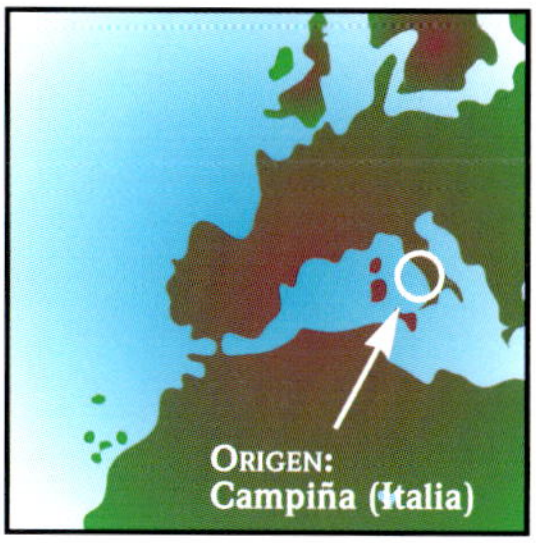

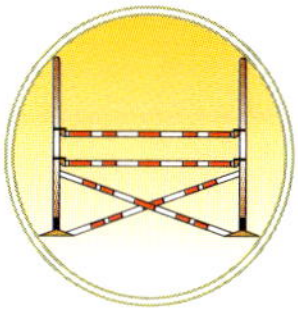

Difusión: Italia
Morfología: meso-dolicomorfo, altura a la cruz de 1,62 a 1,70 m
Cualidad: dotes atléticas
Temperamento: dócil pero enérgico

El salerno de hoy es el resultado de antiguas selecciones del persa, mejorado paso a paso gracias a la aportación de árabes y españoles de gran calidad; fue cruzado con caballos europeos, rusos y maremmana con el propósito de producir ejemplares para carrozas. Los criadores se vieron obligados a volver al cruce con P.S.I. con el fin de restablecer las aptitudes para silla.

MURGESE

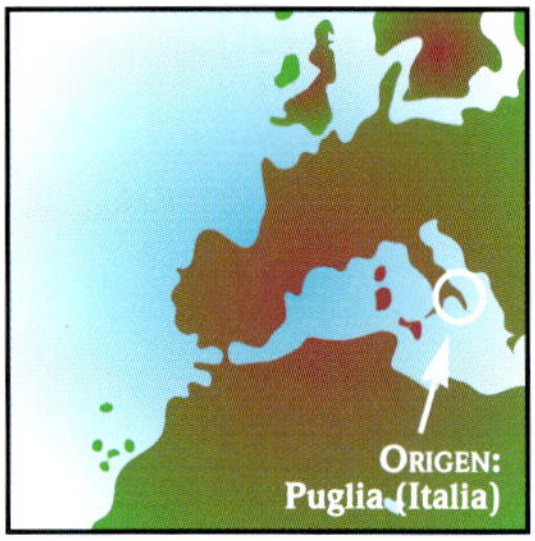

Difusión: Italia
Morfología: caballo mesomorfo; alzada, de 1,50 a 1,60 m
Cualidad: dócil y rústico
Temperamento: muy tranquilo

Se trata de una de las pocas razas italianas que puede alegar una tradición secular de crianza y que puede considerarse étnicamente pura. Hasta hace algunas décadas los corceles murgese tenían una talla más pequeña (1,45/1,50 cm) que la que ostentan los ejemplares actuales.

MAREMMANA

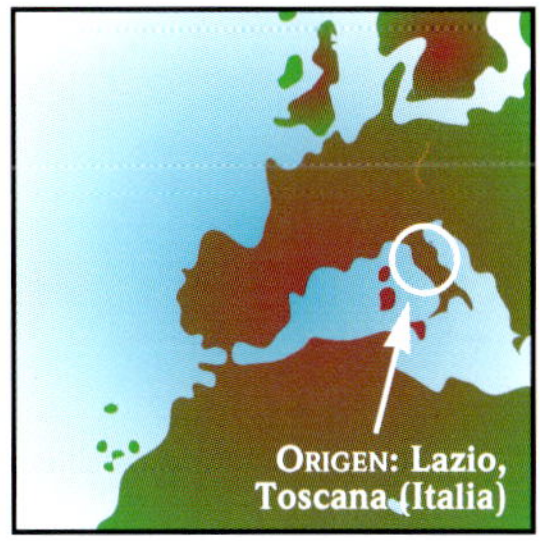

Difusión: Italia
Morfología: caballo mesomorfo; su alzada va de 1,55 m a 1,70 m, a veces más
Cualidad: carácter más bien decidido
Temperamento: vivaz

Los rasgos de los maremmana varían sensiblemente según la zona de crianza y de influencia más o menos marcada de las mejoras (provenientes sobre todo de Siria) introducidas a lo largo del tiempo.

ANGLO-ÁRABE SARDO

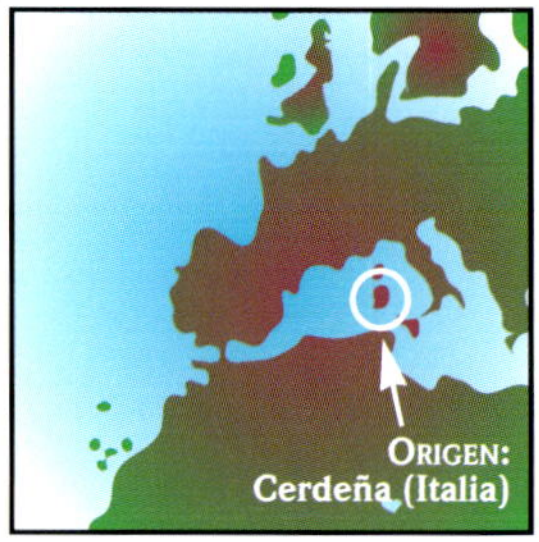

Difusión: Italia
Morfología: clasificados en 3 tallas: pequeña (1,56–1,58 m), mediana (1,58–1,65 m), grande (más de 1,65 m)
Cualidad: resistente y veloz, buen saltador
Temperamento: equilibrado

Cabeza pequeña corta y fina, **perfil** rectilíneo

Con frecuencia bayo y alazán, menos habitual de **capa** gris

Orejas pequeñas y móviles; **ojos** grandes y vivaces; ancha **nariz**

Cuello elegante y bien unido

Se cree que son originarios de África o de Asia, con aportaciones de otras razas (debido a las invasiones de romanos, cartagineses y árabes) y mejorados gracias al andaluz. Se define pues el anglo-árabe sardo como resultado de los cruces, selección y mestizaje de sementales P.S.I., P.S.A. y anglo-árabe sardo con yeguas indígenas dotadas de un porcentaje de sangre árabe no inferior al 25%.

CABALLO DE SILLA FRANCÉS

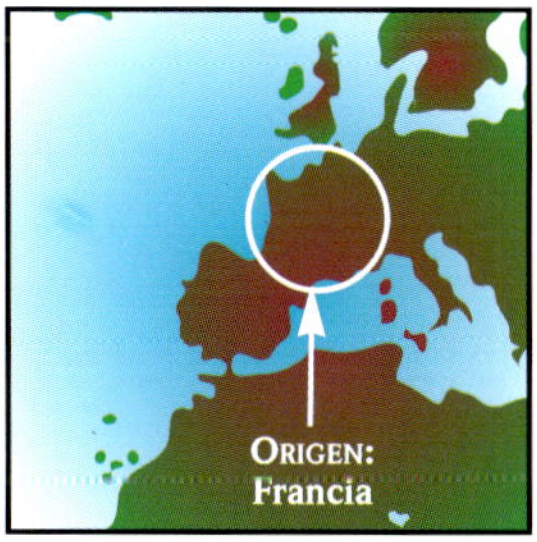

Difusión: Europa
Morfología: híbrido, heredero y continuador de la raza Normanda, no hay estándar oficial
Cualidad: muy deportivo
Temperamento: tranquilo pero con fuerza

Están clasificados en cinco tallas: tres de tipo medio (pequeños, hasta 1,60 m; medianos, desde 1,61 hasta 1,63 m; grandes, con más de 1,64 m) y dos de tipo pesado (pequeños, hasta 1,62 m; grandes, más de 1,63 m).

Cabeza pequeña y fina; **perfil** rectilíneo

Mandíbula fuerte, **cuello** largo y bien unido

Los pesos medios suelen ser los que más tienen (del 70% en adelante) de P.S.I.

TRAKEHNER

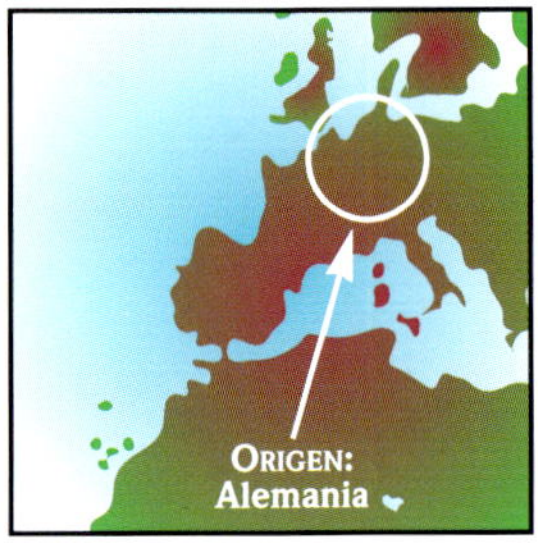

Difusión: Europa, América
Morfología: meso-dolicomorfo; alzada a la cruz entre 1,62 y 1,67 m
Cualidad: buen saltador
Temperamento: dócil pero con energía

Cabeza bien proporcionada, **perfil** rectilíneo

Por lo general la **capa** es de bayo más o menos oscuro; otros son alazanes

Frente larga; **ojos** vivaces

Cuello modelado, alargado y bien unido al cuerpo

La selección de la raza parte de ejemplares heterogeneos, pero sobre todo deriva de la contribución de sementales Schweiken pertenecientes a una antigua raza local además, naturalmente, del aporte de caballos pertenecientes a las razas P.S.A. y P.S.I.

HOLSTEIN

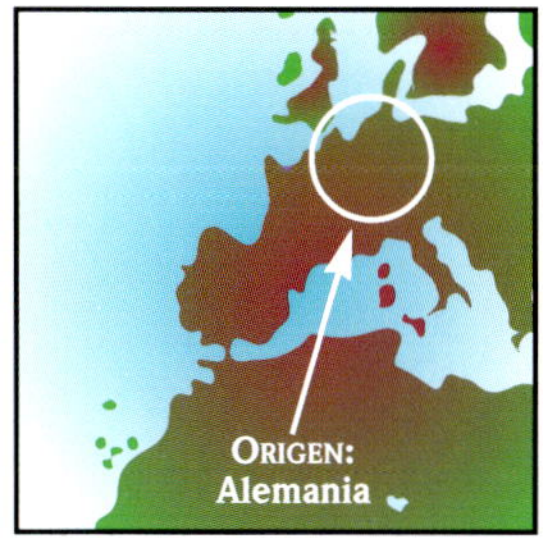

Difusión: Alemania
Morfología: meso-dolicomorfo; de 1,62 a 1,72 m
Cualidad: buen saltador
Temperamento: dócil y enérgico

Ya en 1500, las monjas del monasterio de Utersen los criaban: representan sin duda una de las más antiguas razas de sangre caliente de Alemania. En épocas recientes se ha mejorado gracias a cruces con caballos españoles, napolitanos y orientales; la aportación de P.S.I. ha hecho del Holstein un animal muy estimado en los deportes ecuestres, donde ha cosechado numerosos éxitos, particularmente en doma.

EL CABALLO ISLANDÉS

Origen: Islandia.
Difusión: Europa, Estados Unidos, Canadá.
Cualidades: resistente, bueno y fuerte para el trabajo.
Temperamento: vivaz, muy equilibrado.
Morfología: el islandés es un caballo de aspecto simpático, caracterizado por crines y cola espesas y largas. La alzada va de 1,30 a 1,45 m; el cuello es corto y de buen porte, y los miembros cortos pero robustos. La capa puede ser de distintos colores (hay más de doscientas combinaciones).

El islandés tiene por antepasados los caballos que poblaron Mongolia y las tierras siberianas; a Islandia lo llevaron los vikingos durante el periodo de colonización y, dado el poco espacio del que disponían, escogieron a los mejores ejemplares. Por estos motivos los ejemplares actuales –con ayuda de una ley del año 930 d. C. que impedía la importación de otros caballos en la isla (incluidos los mismos islandeses eventualmente exportados)– constituyen una raza particularmente pura: los ejemplares destinados a la reproducción deben superar selecciones extraordinarias.
En Islandia las razas se crían en estado medio salvaje; durante las estaciones frías las manadas viven en los alrededores de las granjas –donde se alimentan de forraje con escasos ingredientes añadidos– para emigrar después en primavera hacia los altiplanos del interior. A diferencia de las otras razas, los caballos islandeses empiezan a ser "trabajados" durante tres o cuatro meses pero no antes de haber cumplido los 4 años; después volverán a la libertad hasta los cinco años y es precisamente entonces cuando empieza su verdadero trabajo.
Esta raza es una de las pocas que desarrolla espontáneamente las cinco andaduras: paso, trote, galope (comunes a las otras razas), ambladura y tolt, *una andadura veloz muy peculiar. A diferencia del trote, en el cual se alternan los movimientos anteriores y posteriores en diagonal, en la ambladura se mueven al unísono las patas anterior y posterior del mismo lado. La particularidad del* tolt *es que al menos uno de los cascos toca siempre el suelo (como al paso, pero más rápido) dando lugar a una andadura veloz y rítmica.*
Los propietarios de estos caballos cultivan un punto de vista peculiar: en general quien adquiere un Islandés después lo deja vivir en libertad y si lo recupera para carreras y torneos no lo hace para ganar premios en metálico. El nombre del animal en islandés indica las particularidades de cada ejemplar (color del pelaje, cuántas manchas tiene en la cabeza, las franjas de las patas, el carácter y el lugar de nacimiento).

PURASANGRE INGLÉS (P.S.I.)

Difusión: mundial
Morfología: caballo dolicomorfo, de formas bellas, esbelto y elegante
Cualidad: inteligente, es considerado el caballo más veloz. Ha sido usado para mejorar todas las razas, en lo cual es superado tan sólo por el P.S.A., del cual desciende
Temperamento: nervioso

El estándar identifica tres tipos de caballo: *stayer* (más pequeño y robusto, con buen fondo), *sprinter* (más alto y esbelto, propenso a la velocidad), y un tipo intermedio (apto para salto de obstáculos). Alzada de 1,50 a 1,75 m.

LIPIZANO

Lipizza se encuentra hoy en territorio croata, pero perteneció a Italia y antes al Imperio Austro-Húngaro.

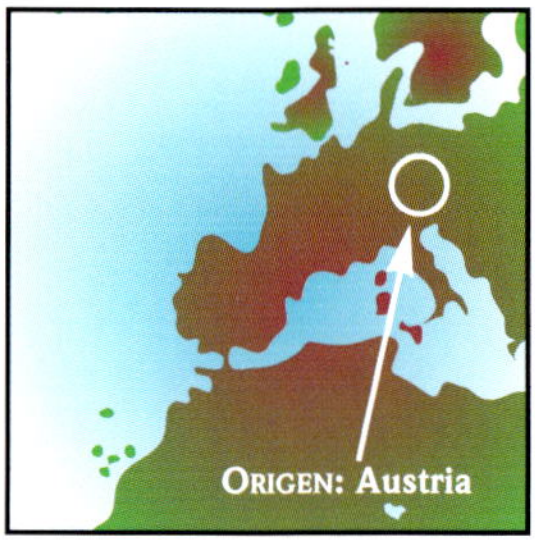

Difusión: Europa
Morfología: mesomorfo; alzada, de 1,52 a 1,65 m
Cualidad: bastante capaz de aprender
Temperamento: enérgico

Cabeza alargada, **perfil** rectilíneo o convexo (la forma de la cabeza puede ser diferente según la línea paterna)

Bellas y abundantes **crines**; **cola** espesa y abundante

Predomina la **capa** gris, de encanecimiento temprano: el potro nace oscuro (gris, bayo o negruzco) y se aclara a los pocos años, hasta llegar a blanco

Orejas pequeñas

Mandíbula bastante marcada; **ojos** grandes y expresivos

Cuello robusto, arqueado y bien unido

PINTO

Difusión: América, Europa
Morfología: mesomorfo; alzada de 1,45 a 1,55 m
Cualidad: resistente y rápido
Temperamento: equilibrado

Cabeza bien proporcionada con **perfil** rectilíneo

Ojos expresivos; **orejas** muy rectas

Capa veteada de dos formas: manchas blancas sobre fondo de otros colores, o fondo blanco con manchas de otros colores

Cuello muy fuerte y musculoso

La selección y la configuración de esta raza se debe en parte al interés que los indios americanos manifestaron por estos caballos descendientes de los animales llevados al Nuevo Continente por los conquistadores españoles. Fueron apreciados sobre todo por los comanches y llegaron a convertirse casi en una de sus señas de identidad.

QUARTER

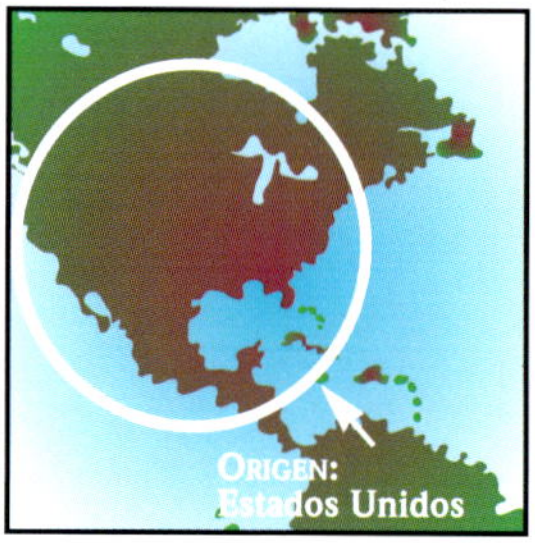

Descendiente de caballos españoles, seleccionados por las tribus indias Choctaw y Chickasaw, y mejorados gracias a la introducción del P.S.I., se convirtió pronto en el caballo ideal para cualquier tarea.
En el siglo pasado mejoraron gracias a dos sementales ingleses de grandes valores: *Bulle Rock*, hijo del celebérrimo *Darley Arabian*, y un nieto suyo, *Janus*, alazán con estirpe de campeones.

Difusión: Estados Unidos, Europa
Morfología: caballo compacto, con potente musculatura y al mismo tiempo de formas bonitas y agraciadas, dolicomorfo, alzada de 1,45 a 1,60 m; peso de 400 a 550 kg
Cualidad: fuerte
Temperamento: vivaz

Orejas medianas, rectas y separadas

Cabeza estrecha; **perfil** rectilíneo; **frente** ancha

Ojos grandes y redondos con expresión inteligente

Cuello musculoso, levemente arqueado y con la longitud justa, bien formado

La gama de **colores** es variada: alazán, dorado, bayo más o menos oscuro; gris, negruzco, ruano y otros que pueden ser típicos de la raza y a la vez son definidos con una terminología particular

APPALOOSA

Difusión: América, Europa
Morfología: mesomorfo; alzada, de 1,45 a 1,55 m; peso de 400 a 550 kg
Cualidad: fuerte y resistente
Temperamento: vivaz y equilibrado

Orejas pequeñas y puntiagudas; **frente** alargada

Cabeza pequeña con una buena unión; **perfil** rectilíneo

Cola y **crines** ralas

Ojos grandes y expresivos, córnea blanca visible, que da a su mirada una expresión particular

Las manchas de la **capa** pueden ser más o menos intensas en infinitas combinaciones, tantas que es imposible encontrar dos ejemplares iguales. Según la distribución y el tamaño de las manchas, las capas tienen nombres diferentes y se clasifican convencionalmente en cinco grupos

Cuello alargado y musculoso

Frecuentes vetas blancas y negras en los **cascos**

Los *nez-percé*, nombre dado por los franceses a los pieles rojas que habitaban la región del río Palouse en Oregón, iniciaron la crianza y la selección de esta particular raza de caballos caracterizada por la belleza de las formas y por el color de la capa.

CRIOLLO

Difusión: Sudamérica, Europa
Morfología: mesomorfo; la alzada varía de 1,42 a 1,55 m
Cualidad: muy frugal
Temperamento: tenaz y resistente

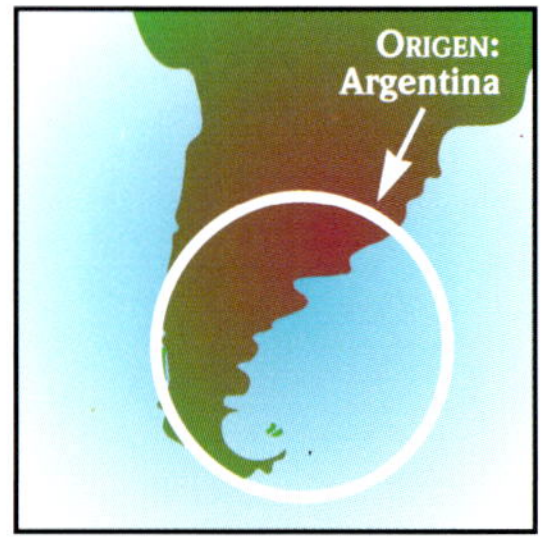

El caballo criollo está difundido por toda Sudamérica y desde hace tiempo también en Europa, donde ha conquistado las simpatías de un público cada vez más amplio que ha descubierto en esta raza óptimos compañeros para montar en el campo. También el juego de polo ha servido para darlo a conocer más.

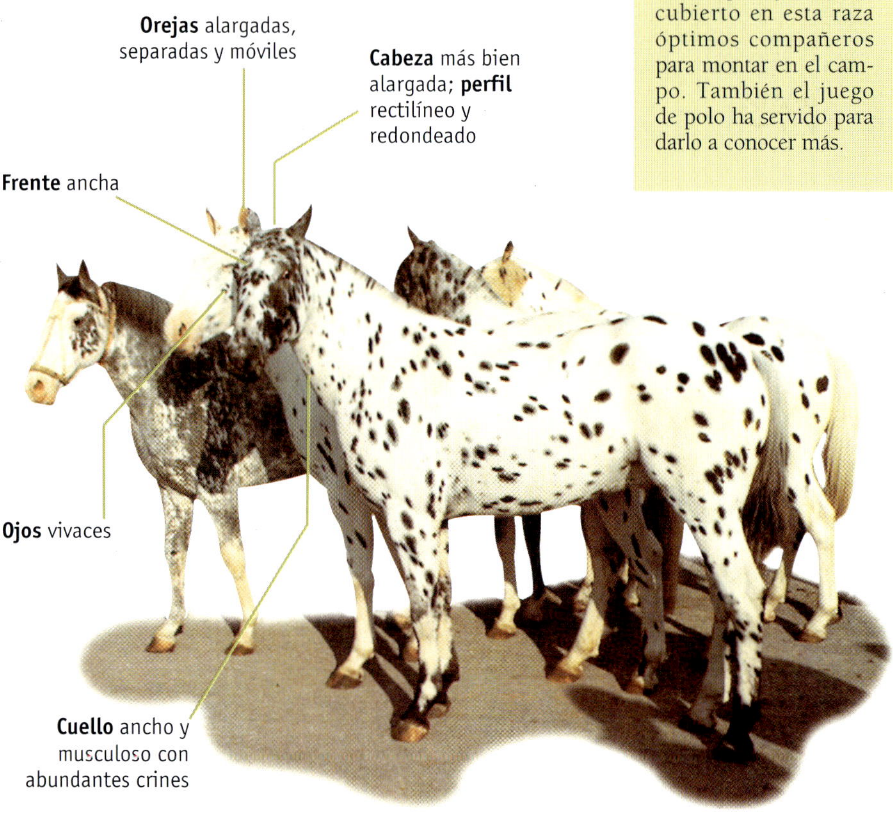

AVELLINO

Difusión: Europa
Morfología: alzada máxima, 1,40 m para machos y 1,32 m para yeguas
Cualidad: fuerte e inteligente
Temperamento: dócil y tranquilo

De origen antiquísimo, fuerte y rural, es utilizado para trabajos agrícolas en pequeñas haciendas de montaña, pero su vocación más evidente, teniendo en cuenta su carácter tranquilo y equilibrado, es el turismo ecuestre.

PONI GALÉS

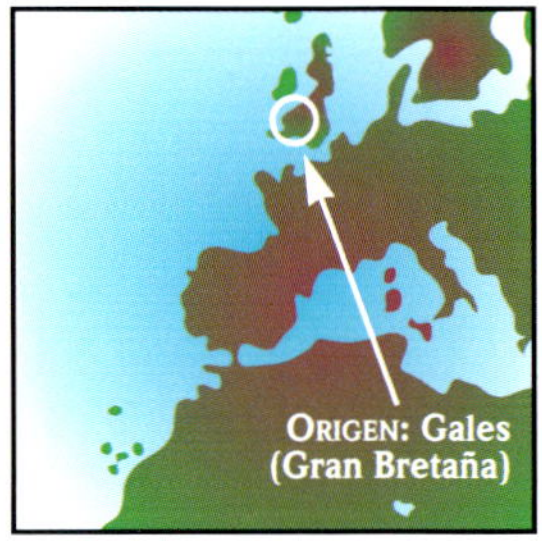

Difusión: mundial
Morfología: animal esbelto y proporcionado que recuerda al P.S.A., de gran influencia en su constitución
Cualidad: deportiva
Temperamento: dócil pero enérgico

Se reconocen cuatro tipos diferentes de poni galés según la talla: Welsh Mountain Pony (alzada hasta 1,21 m), Welsh Pony (alzada desde 1,22 a 1,34 m), Welsh Pony Cob (alzada hasta 1,37 m) y Welsh Cob (alzada hasta 1,37 m).

Orejas pequeñas y puntiagudas, muy móviles

Frente alargada, hocico pequeño con fosas nasales grandes

El poni de las montañas de Gales tiene **cabeza** pequeña, fina, sobria y bien unida

Ojos grandes y vivaces

Cuello bien unido, alargado y curvado en el macho

RAZAS MESTIZAS

Es posible oír hablar de ejemplares de "argentino" o "silla italiano": estos términos son utilizados no para indicar una verdadera raza, sino para hablar de unas características comunes reconocidas oficialmente. Como argentinos (foto derecha) están clasificados generalmente los caballos provenientes de Sudamérica aunque no pertenezcan a una raza en particular. En estos últimos tiempos, el interés por los argentinos está creciendo, sobre todo en el mundo del trekking (paseos por el campo), gracias a su estructura física que se adapta muy bien para este fin, su carácter dócil aunque decidido y la resistencia que demuestran; en cuanto al precio, en general es bastante asequible. En efecto, en la mayoría de los casos un argentino es relativamente barato, sobre todo los que carecen de certificación. Generalmente son caballos ni muy altos ni muy bajos, con cabeza redondeada y capa de diferentes colores. A menudo los ejemplares puestos en venta tienen la cola y las crines rapadas casi totalmente: sólo se dejan largas las crines que están al lado de la cruz (en estado salvaje las crines podrían enredarse con las plantas de las praderas sudamericanas dando lugar a nudos imposibles de desenredar sin ayuda de la tijera). Ninguna de estas características constituye señas de identidad distintivas.

"Caballo de silla italiano" se denomina a todos los corceles nacidos de cruces de yegua italiana (varias razas de origen italiano) y un semental aprobado para la monta pública. Con respecto a la clasificación, el animal debe someterse a una inspección hecha por funcionarios de las instancias administrativas pertinentes con el fin de certificar sus características morfológicas.

Aunque aparentemente son poco afables, en realidad resultan compañeros leales y resistentes. Si alguno ostenta un carácter o un comportamiento problemático suele estar provocado por el viaje que han de sufrir hasta llegar a Europa. En efecto, algunos ejemplares de caballos argentinos destinados a uso particular llegan a Europa después de haber soportado un largo viaje en una estrecha cabina (han sido transportados por aire), hacinados en interiores tórridos y donde la comida y el agua son a todas luces insuficientes.

Se trata de caballos habituados a una alimentación sencilla y frugal. Hay que atender pues a la cantidad (que será limitada), pero sobre todo a la sustancia (el aporte de alimentos muy nutritivos o calientes evita muchos problemas de salud) y a la calidad; en particular, el heno debe estar absolutamente limpio de polvo (estos animales, en efecto, parecen tener un aparato respiratorio particularmente débil).

DÓNDE VIVEN

La naturaleza del caballo es ser un animal libre y siempre en movimiento, para él lo ideal es vivir en libertad. El caballo que hoy vemos es el fruto de la selección y de la crianza en cautividad. El recuerdo de la vida de la manada en estado salvaje está siempre presente en el animal nacido y criado en el box: basta con observarle cuando está suelto o en el cercado. Constituye seguramente un espectáculo fascinante verlo mientras corre, juega o se revuelca. Cuando se reúne un cierto número de caballos en un prado puede observarse cómo se constituye una manada, con las consiguientes escalas jerárquicas (el animal más emprendedor asume el rol de jefe, otros son gregarios...).

▶ El caballo al que se le ofrece la posibilidad de estar en libertad en el prado es perfectamente capaz de cuidar de su aseo volteándose y frotándose con cuidado partes de la capa sobre la hierba; queda así limpio y sobre todo aseado. Cuando un jefe de manada dispone de un pequeño territorio, ciertas zonas están reservadas únicamente a este objetivo: los animales se dirigen por turno a aquellas zonas para "voltearse" a ciertas horas del día.

Los problemas en el aseo de la capa aparecen cuando el caballo permanece encerrado en el box o en recintos pequeños (algo mayores que un box) y tiene que hacer esta operación en el mismo espacio en el cual deposita los excrementos.

▶ Es frecuente visitar cuadras en las cuales los caballos están aislados en bellísimos boxes (de dimensiones más bien justas y siempre pequeños para cinco quintales de músculos, sostenidos por cuatro patas de más de un metro de largo), mientras que en el exterior los enormes pastos herbosos son frecuentados por los animales no más de un par de horas al día.

A menudo se ven animales privados de sus protecciones naturales, esquilados primero y después vestidos con cobertores de diversas hechuras y materiales, con el nombre coquetamente bordado a un lado. Estas medidas no satisfacen ninguna de las exigencias del caballo ni cubren necesidad alguna, porque es suficiente una pequeña demora a la hora de cambiarle el cobertor para que contraiga una estupenda gripe.

Si de verdad pensásemos en el caballo, probablemente planearíamos para él (al fin y al cabo es el que va a pasar su vida en ellos) hábitats más aptos, sin tener que sacrificar por fuerza nuestra comodidad. Descubriríamos entonces que no es difícil hacer coincidir las propias necesidades (económicas y de espacio) con las exigencias del animal.

PREVENCIÓN DE MALOS HÁBITOS

• *Si el animal esta acostumbrado a apoyar un casco pisando la corona del otro es útil reparar la corona y cuartilla en su parte anterior (aquella sujeta a daño) con una plantilla de cuero acolchado para que no se cause lesiones y fracturas.*

• *Si el caballo tiende a morder el borde de la puerta o del pesebre, los objetos que sobresalgan, etc., puede ser que desde joven (periodo de mayor inquietud) haya estado encerrado. Hay que intentar distraerlo dejándolo en el campo el mayor tiempo posible, dividiendo el forraje en raciones pequeñas y frecuentes, distrayéndolo con el trabajo.*

▶ Dejar los caballos en libertad en grandes espacios, en cualquier época, puede contribuir a resolver problemas de comportamiento, como por ejemplo los vicios de morder, el baile del oso, el balanceo y otros típicos estereotipos motrices, y problemas físicos (mejora tanto la salud general como el modo de caminar y correr en los casos de animales que tienen problemas de movimiento, que "se encampanan"); probablemente el caballo en libertad recuperará el equilibrio psicofísico que el contacto estrecho con el hombre y la reclusión forzada han minado.

Dicho esto la consecuencia más lógica es acostumbrarle a unos hábitos alimenticios y a unas condiciones de vida que tengan en cuenta las posibilidades del dueño y se adecue a sus exigencias. El caballo tiene una gran capacidad de adaptación que le permite utilizar los recursos del lugar donde se encuentra: no debemos aprovecharnos de ello, y si respetamos su naturaleza, su dignidad y su sensibilidad, la relación con el animal resultará más equilibrada.

La cuadra

Como ya se ha dicho anteriormente, el ideal es un espacio donde el caballo pueda estar en libertad. La cuadra debe:

– Ser **grande:** al menos una hectárea por caballo; si esto no fuera posible trate de destinar el mayor espacio posible.

– Estar provista de una **protección** a prueba de vientos y de calores; puede ser una protección natural o una techumbre construida de tal forma que el caballo pueda entrar y salir a su gusto, aunque a menudo notaremos que prefieren quedarse bajo la lluvia (y no hay nada que objetar si es eso lo que prefieren).

– Tener un lugar donde haya siempre disponible **agua** limpia; para esto será sufi-

HIERBAS BUENAS Y MALAS

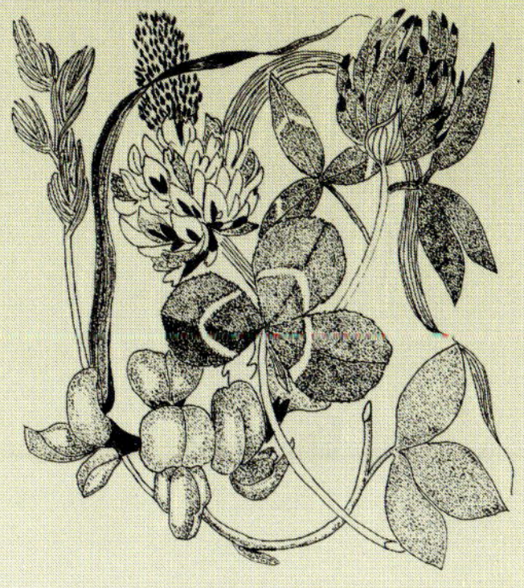

El pasto y su mantenimiento en estado óptimo a través de adecuadas técnicas agronómicas se reflejan en el estado de nutrición y de equilibrio del caballo. El número de hierbas actuales es abundante y son menores los riesgos de carencias nutritivas. Generalmente una hectárea de rico pasto será suficiente para satisfacer las exigencias alimentarias de un caballo sano y joven (obviamente la calidad y el tipo de alimento variará de acuerdo con el tamaño, la edad, el estado general y el trabajo del animal). Los caballos rechazan las plantas venenosas porque tienen un sabor desagradable, sobre todo si disponen de un buen pasto. He aquí las hierbas más conocidas y difundidas (buenas y malas), que conviene conocer para organizar, en la medida de lo posible, la dehesa ideal.

HIERBAS RECOMENDADAS

Gramíneas: fleo (Phleum pratense), *cañuela, espiguilla* (Poa pratensis), *cañuela de prados* (Festuca pratensis), *espigueta* (Dactilys glomerata), *ballico de Italia, raigrás italiano* (Lolium multiflorum), *raigrás inglés* (Lolium perenne); *leguminosas (un porcentaje no superior al 10% de la mezcla): cuernecillo* (Lotus corniculatus), *trébol blanco* (Trifolium repens) *y trébol de los prados* (Trifolium pratense).

HIERBAS PELIGROSAS

Eliminar absolutamente del prado: dedalera (Digitalis purpurea), *acacia falsa* (Robinia pseudoacacia), *ricino* (Ricinus communis) *y muérdago* (Viscum album), *puesto que son muy tóxicas para el caballo y sus efectos pueden manifestarse durante semanas y meses después de la ingestión. Excluir también: meliloto o pipirigallo* (Melilotus officinalis), *algarrobilla* (Astragalus sp. *y* Vicia sp.), *senecio* (Senecio sp.) *trébol híbrido* (Trifolium hibridum) *y trébol encarnado* (Trifolium incarnatum), *plantas usadas habitualmente para pasto de ganado vacuno pero que para los caballos son nocivas. Causan trastornos hepáticos, colitis, fotosensibilización en la piel, enfermedades nerviosas, etc. Otras plantas peligrosas son: asclepiada, azalea, arce rojo, acónito, castaño americano, cicuta, cerezo silvestre, equiseto, hierba sudanesa (parecida al sorgo), helecho común (en grandes dosis), nuez negra, adelfa, encina, rododendro, ranúnculo, saúco, solano, serpentaria, espino amarillo, tejo japonés... que pueden encontrarse, mezcladas con otras en los jardines, confundidas con el pasto o en los bosques por los que se pasea.*

ciente un abrevadero (tina, cubo o bañera). Se puede cambiar regularmente el agua usando para ello una simple manguera.

– Conviene que el terreno presente **distintos niveles**, así el caballo tendrá la posibilidad de mantenerse en continuo movimiento.

El cercado

La realización de la valla merece particular atención, pues el caballo es bastante hábil localizando los puntos débiles y en un momento puede "hacer un extraño", lo que incuestionablemente resulta peligroso para él y –sobre todo en el caso de que el cercado se encuentre al lado de una carretera– para quien en aquel momento se cruce en su camino. Además hay que tener en cuenta el riesgo en los cultivos eventualmente cerrados (por ejemplo, si se espanta en un viñedo, el equino corre peligro de "encordarse" con el alambre de hierro y además dañar la plantación).

▶ La **valla** debe carecer de puntas que puedan herir al caballo; la mejor opción es la estructura de madera.

Existen también cercados de cemento (indestructibles), cercas electrificadas (económicas y eficaces, convenientes si se tiene necesidad de cambiar a menudo el lugar del pastizal, no son perfectas), vallas

CONSTRUIR UN CERCADO DE MADERA

Los cercados construidos con estacas de madera son sin duda los más bonitos, y también los mejores, pero requieren un mantenimiento regular.

Enterrar las estacas por lo menos 1/4 de su altura total (lo bastante alta para que el caballo no la pueda saltar) y, para evitar que la parte de madera enterrada pueda pudrirse, alquitranar muy bien hasta 10 cm por encima del terreno. Entre un palo y otro empernar 3 travesaños de madera, los más bajos a unos 25 cm del suelo, para evitar que el caballo meta los cascos, se quede enganchado y sufra rozaduras y esguinces intentando liberarse. Todas las estructuras de madera deben ser lisas y sin astillas, tratadas (impregnadas y barnizadas con productos no tóxicos) con el fin de que la intemperie no las deteriore con el paso del tiempo.

Hay que poner atención para que la cancela de entrada no sea fácil de abrir por el caballo, pero que a nosotros nos resulte practicable en caso de tener una sola mano libre.

zona de viento). En la construcción deberá prevalecer el lado práctico y racional con respecto a lo estético.

▶ En el interior de la cuadra, los boxes pueden situarse de distintas formas: en filas paralelas con pasillos comunes de acceso; en filas paralelas con la parte del fondo en común y puertas abiertas al exterior; o mejor aún, con cada fila de box formando rectángulos, cuadrados o triángulos provistos de marquesinas y pequeños espacios interiores. Los pasillos deben ser siempre cómodos y anchos (no inferiores a 2,5 m) para facilitar la circulación de los animales, la distribución del pienso y el máximo

de tubos de hierro de zinc (robustas, duraderas, sin aristas, de fácil montaje, pero mucho más caras).

▶ La cancela de entrada tendrá un buen sistema de seguridad, porque el caballo, siendo un animal curioso e inteligente, y teniendo todo el tiempo disponible, se las ingeniará para abrirla.

LA CUADRA Y EL BOX

La cuadra es una edificación que habitualmente alberga uno o más boxes, las monturas, el almacén y el henil. En el momento de construir una cuadra es necesario establecer previamente su orientación y su estructura, que varían según las condiciones climatológicas del lugar en el cual está situada: debe tener la fachada hacia el sur en los lugares muy fríos, al norte-noreste en lugares más cálidos y al este en climas templados. Podrá estar provista de cobertizos (particularmente espaciosos si la región es húmeda y el clima lluvioso, o también si es muy soleado; el cobertizo será además muy resistente si se trata de una

alejamiento del estercolero.

▶ Para evitar intoxicaciones por inhalación es aconsejable usar **barnices no tóxicos**; en especial para barnizar las partes de madera o de hierro es indispensable que el barniz no contenga plomo, porque el caballo puede lamerlo: el envenenamiento por plomo (saturnismo) puede provocar daños permanentes en los huesos, el hígado y el aparato digestivo.

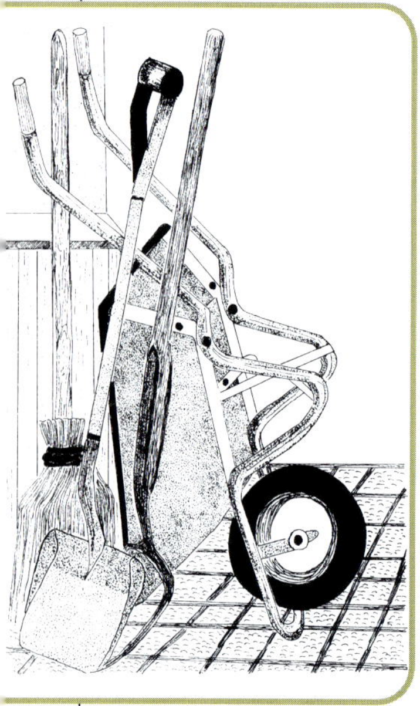

Las herramientas no deben tapar la puerta del caballo.

▶ Será conveniente prestar atención para **no dejar las herramientas** (horca, pala, carretilla, etc.) al alcance del caballo y evitar así que se produzcan situaciones peligrosas.

▶ La **instalación eléctrica** merece una atención particular. Los cables deberán quedar necesariamente fuera del alcance de dientes y patas (lo ideal será enterrarlos en el interior de la cuadra con un único punto de luz) y el interruptor deberá estar en el exterior del box.

Un **techo** alto, de unos 4 m, será seguramente garantía de un buen cubicaje de aire. Para evitar problemas de recalentamiento durante el verano o de condensación durante las estaciones frías será conveniente disponer de un buen aislamiento térmico y la solución más simple, práctica y funcional es recurrir a colocar el heno encima de la cuadra.

CABALLO Y BOX

En caso de que el caballo tenga que permanecer atado en **postas** *o en* **box** *(y esperando que no sea una situación habitual) es necesario tener presente dos puntos fundamentales.*

El caballo tiene que poder acostarse, por lo tanto la cuerda debe ser bastante larga. La cuerda larga se puede retorcer y "encordarse" a las patas. Para eliminar estos riesgos es suficiente unir un peso ("timbre") a una cuerda del largo adecuado; la cuerda pasa a través de una anilla, con lo cual el caballo podrá estirar la cuerda para moverse, pero cuando el peso se acerque a la anilla ésta impedirá que la cuerda se ciña en torno a sus pezuñas.

Generalmente, por comodidad, se dejan los cabezales de los caballos en el box o en la cuadra; pero esto no es aconsejable porque es posible que, rascándose o restregándose, el animal vuelva a engancharse (con cualquier saledizo, o bien pueden quedársele encajadas las patas posteriores) con riesgo de estrangularse.

Si bien es deseable que la permanencia de un caballo en el box sea siempre limitada, recuerden cuán importante es hacer todos los días la limpieza de los locales de la cuadra.

Remontarse al origen de la raza Árabe es casi imposible, puesto que es muy antigua y está envuelta en la leyenda. Su patria es la península de Arabia, principalmente el desierto del Nejd, que en aquella región es la zona más inhospita. Los caballos árabes son sobrios, excepcionalmente resistentes y veloces, forjados en la convivencia con un pueblo feroz y agresivo como lo fue el beduino.

El box

No es justo que el caballo pase la mayor parte del tiempo encerrado, pero sí que es necesario disponer de un box cuando el tiempo es excepcionalmente malo y también para poder curarlo de enfermedades o accidentes que pueda sufrir.

Para que el caballo permanezca cómodo en su encierro, el box deberá estar bien iluminado y bien aireado, y sobre todo será espacioso; desgraciadamente los caballos están encerrados en lugares que por lo general son estrechos y fríos en invierno y muy calurosos en verano.

▶ Cuanto más **grande** sea el box más cómodo estará el caballo; desgraciadamente a menudo el espacio disponible es limitado: en este caso el mínimo aceptable es de 4x4 metros.

▶ El **pavimento** del box debe tener una ligera inclinación opuesta a la puerta para que los excrementos líquidos fluyan lejos de ella (es la zona más frecuentada por el caballo, especialmente si tiene una abertura, a la cual acostumbra asomarse) hasta un desagüe unido al estercolero.

El **material** que constituya el pavimento del box deberá ser de primera calidad: queda descartada la madera por ensuciarse fácilmente. El cemento es lo que más se usa por su resistencia y facilidad de limpieza; permite además andar bien por los pasillos y por los otros locales de la cuadra, pero en el caso del box no es lo más apropiado porque resulta un material frío y resbaladizo; el asfalto también es resbaladizo y se deforma con el calor. Sobre la tierra apisonada se anda bien en caso de existir un solo box, pero no cuando se trata de una cuadra concurrida por muchos animales. Finalmente, el ladrillo (plano o en canalé) resulta aconsejable porque es sólido, aislante y salubre.

▶ Las **paredes** del box serán de madera, no sólo por su agradable aspecto, estéticamente, sino también por su función aislante. Deberán además ser lisas y sin salientes que puedan herir al caballo.

▶ Las **ventanas** deberán estar organizadas y situadas de tal forma que aseguren una buena ventilación sin provocar corrientes de aire, que podrían causar problemas graves al caballo, y que garanticen una iluminación suficiente, ni directa ni violenta (también puede recurrirse a una cortina o a una persiana). En general es preferible orientar la ventana al sur para evitar excesivas humedades en invierno debido a la falta de sol. Si el natural intercambio de aire no fuese suficiente se deberá recurrir a los sistemas de aspiración forzada, teniendo cuidado siempre de no provocar corrientes que pueden resultar peligrosas para la salud de los animales.

Equipamiento del box

Cuando el caballo está en su ambiente natural come bajando la cabeza. Esto debe tenerse en cuenta al poner dentro del box los distintos accesorios, que deberán, entre otras cosas, tener todos los ángulos redondeados y no presentar puntas o salientes peligrosos.

▶ Cuando se le ofrecen al caballo piensos integrados, salvados, etc., lo mejor es usar recipientes de plástico que se dejan en el box mientras dura la comida. Los **comederos interiores** fijos no son lo más conveniente por dos motivos: la posición incorrecta del caballo, que come sin bajar la cabeza y el peligro que presentan los salientes.

En cambio, el **forraje** debe echarse en el suelo, porque el animal mueve el heno con la boca y así el polvo y otros cuerpos extraños se depositan fácilmente en el suelo.

▶ Para el abastecimiento de agua, tan importante para la salud de nuestro amigo, es preferible usar un balde por varias razones:

– la posición (el balde se deja en el suelo);
– el caballo necesita beber mucho y a menudo (bebiendo del cubo deglute a su ritmo);
– con el cubo se sabe siempre cuánto bebe el animal (saber si lo hace a menudo sirve a veces al veterinario para diagnosticar y curar apropiadamente cualquier malestar eventual).

LOS CASCOS

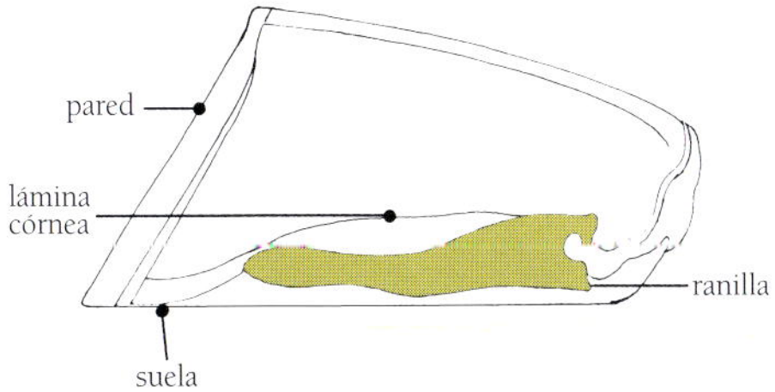

Las pezuñas del caballo comprenden la caja córnea, o pezuna, con todo lo que contiene. La pezuña está a su vez formada por pared, suela y **ranilla.** *Esta última tiene una consistencia blanda y elástica y su función fundamental es proporcionar un apoyo seguro a la pezuña, amortiguando los golpes contra el suelo y haciendo las veces de bomba de retorno de la sangre hacia el corazón. Bajo el peso del cuerpo se ensancha, manteniendo de este modo los talones abiertos y las pezuñas en la mejor posición posible. La función de la* **suela** *es proteger las partes internas de la pezuña, sostenerlas y distribuir el peso por todo el borde. Normalmente no establece contacto con el suelo, sino sólo a lo largo de una franja de pocos milímetros próxima a la pared.*

– en el caso de tener que racionar el agua; (para curarle alguna enfermedad o para evitar que beba deprisa al regreso de un trabajo o un paseo);
– en el caso de que se deba añadir al agua cualquier sustancia (medicinas solubles, por ejemplo).

► En algunas ocasiones se utilizan **abrevaderos automáticos** (o bebederos), muy cómodos para quien debe cuidar del caballo y no puede controlar regularmente el nivel de agua del cubo, pero que presentan sin embargo algunas contraindicaciones:
– la colocación (el bebedero debe estar instalado a cierta altura del suelo, porque de lo contrario el caballo podría herirse);
– difícilmente se advierte si no funcionan (este tipo de abrevadero es tan cómodo que no es preciso controlarlo regularmente);
– no se puede cuantificar la cantidad diaria de agua que el caballo bebe;
– no se pueden añadir sustancias que se diluyan en el agua;

Si está colocado en una posición incorrecta, el bebedero puede convertirse además en un peligroso elemento punzante causa de posibles heridas al animal.

– se obstruyen fácilmente;
– en los meses de invierno se congelan con facilidad;
– a menudo carecen de grifo que interrumpa el flujo del agua y, de tenerlo, es difícil acordarse de abrirlo y después de cerrarlo.

CÓMO LIMPIAR UN BOX

El equipo necesario para la limpieza de la cama comprende: una carretilla (para el transporte del lecho sucio), una pala (para el lecho de virutas) y una horca (para el lecho de paja).

Para limpiar un box con **lecho de virutas**, *se recoge con una pala una vez al día toda la suciedad, los excrementos y las virutas oscuras producidos por los restos de orina que salen a la superficie, y para ello se arrima toda la cama a la pared del box. De esta forma, los excrementos eventualmente presentes ruedan bajo el montón y se pueden apartar con facilidad. Para ello, se nivela todo el lecho, dejándolo un poco levantado a lo largo de la pared. Hay otros dos métodos para proceder: tener la cama bastante alta y renovarla sólo cada dos meses (cama permanente), o bien tenerla un poco más baja y, una vez a la semana, eliminar todas las virutas oscuras, sucias y mojadas, nivelando después uniformemente el resto y distribuyéndolo sobre las virutas nuevas hasta la altura deseada.*

Para limpiar una **cama de paja** *(a la izquierda) se elimina con la horca toda la suciedad y la paja mojada visible que está en la superficie, y luego se revuelve bien de forma que aparezcan el resto de los excrementos y de la paja mojada; a continuación se voltea y se amontona la paja, eliminando la suciedad, hasta dejar completamente limpio el suelo del box. Después se nivela de nuevo lo que queda de cama y, si resulta insuficiente, se añade paja. Hemos de recordar que, con respecto a la cama de virutas, la de paja debe ser más abundante, pues se trata de un material dúctil y no compacto; si el caballo toca el suelo al tumbarse, la capa es insuficiente. También en este caso hay dos formas de proceder: o se renueva completamente la cama cada dos o tres días, o se adopta el sistema de la cama permanente, que consiste en añadir progresivamente paja hasta lograr un espesor de 30 cm aproximadamente.*

La cama permanente se desaconseja porque favorece la aparición de peligrosos procesos de fermentación que terminan siendo perjudiciales para las pezuñas, obligadas a permanecer en contacto con sustancias corrosivas.

La cama

Es bueno que la cama del box sea de óptima calidad, lo más seca posible; debe ser cambiada con frecuencia. Todo esto sirve para evitar infecciones en las pezuñas y en particular en las ranillas, parte anatómica importantísima de los cascos que hace de bomba de retorno de la sangre hacia el corazón, afecciones de las vías respiratorias (en casos de camas con mucho polvo) y problemas del aparato digestivo (si se la comen); con este fin se usan diversos materiales absorbentes.

▶ El material más indicado es la paja de trigo y otros cereales (que deben ser recogidos y embalados secos para evitar problemas con el polvo y el moho); es aislante y absorbente, confortable para el caballo y, si se la come, no le provoca daños graves.

Es más fácil de almacenar y más económica que la paja, pero el uso prolongado de la viruta para la cama puede causar problemas en las pezuñas.

▶ La viruta de madera es lo que más se usa: es fácil de limpiar y de transportar, puede mezclarse con el estiércol, en general el caballo no la come y es absorbente (los olores se difunden menos). Su inconveniente es que tiene mucho polvo por lo que puede dañar las vías respiratorias de seres humanos y caballos.

BRICOLAJE EN LA CUADRA

*Lo necesario para un **carrillo:** unas borriquetas de madera (se encuentran normalmente en las tiendas de bricolaje); palo de madera de 120 cm de largo; cubeta rectangular de plástico (igual a la que usan los gatos para la cama); tira de tejido acolchado o de gomaespuma de 70 cm de largo (sirve perfectamente una carona vieja); una tira de velcro de 60 cm de largo; 4 ruedas de plástico para moverla; 4 tornillos de rosca; clavos y pegamento para madera.*

Del palo se sacan dos piezas de 30 cm de largo y una de 60 cm. Se fijan las dos piezas más cortas sobre las patas del borriquete en forma de garrota en posición abierta. Se atornilla la cubeta de plástico a los travesaños en la parte inferior de la borriqueta utilizando tornillos de rosca. Sobre la base superior de la borriqueta se pega la tira de velcro, en la otra parte se cose o se pega el tejido acolchado o la gomaespuma (así podrá sacarlo fácilmente para lavarlo). Llegados a este punto se fijan las ruedas a las patas inferiores y listo. Podrá apoyarse sobre la silla sin temor a arañar el cuero (gracias a lo mullido) y con la cubeta podrá reponer lo necesario para el cuidado del animal teniendo siempre todo al alcance de la mano y en orden.

*Para hacer una **percha** se necesitan: 2 herraduras viejas.*

Se sueldan las dos herraduras de forma que queden unidas por la zona de las cernejas y dejando libres las 4 extremidades abiertas. Una vez soldados los hierros, se fijan a la pared externa del box aprovechando los extremos para los clavos: tendremos así un simpático doble gancho para colgar los arreos.

▶ El **serrín** y el **cascabillo** son muy económicos pero no reúnen las mismas características que la paja; además, tienen todavía más polvo que la viruta.

▶ Ya se trate de viruta, paja u otro material, sea como sea, el box tiene que limpiarse **todos los días**: a fondo por la mañana y por la tarde quitando los eventuales excrementos y partes mojadas de la cama visibles.

▶ La limpieza de la cama se hará mejor con el **box vacío**, para impedir que el caballo estorbe y se pueda escapar en una distracción, y para no dañarlo sin querer manipulando las herramientas.

Si no fuera posible sacar el caballo de su box hay que distraerlo dándole en ese momento una ración de heno y permitiendo siempre que nos vea para no espantarlo; debemos procurar además movernos hacia el punto que hemos de limpiar con movimientos tranquilos pero decididos, manejando las herramientas de manera que no lo asusten.

Lavado

Para el caballo las duchas no son necesarias, ya que podemos debilitarle las protecciones naturales de la piel. Puede ser útil disponer de una manguera para refrescarle las patas al regreso de un paseo o para enjugarle algunas partes del cuerpo.

▶ En las cuadras generalmente existe una **zona para lavar a los caballos**: sus dimensiones serán de unos 4x4 m y contará con un grifo de agua caliente y fría. Las paredes de esta zona estarán barnizadas –o cubiertas de un material fácilmente lavable– hasta 1,5 m del suelo.

Habitualmente en las paredes habrá anillas, que estarán fijas para enganchar el cabezal del caballo y poder así inmovilizarlo de una manera eficaz durante la visita del veterinario, el trabajo del herrero y demás delicadas operaciones de limpieza. Como en el caso del box, el suelo estará inclinado de forma que si hay eventuales descargas fluviales éstas viertan por un canalón unido a un alcantarillado de modo que se disponga de un correcto vaciado de las aguas.

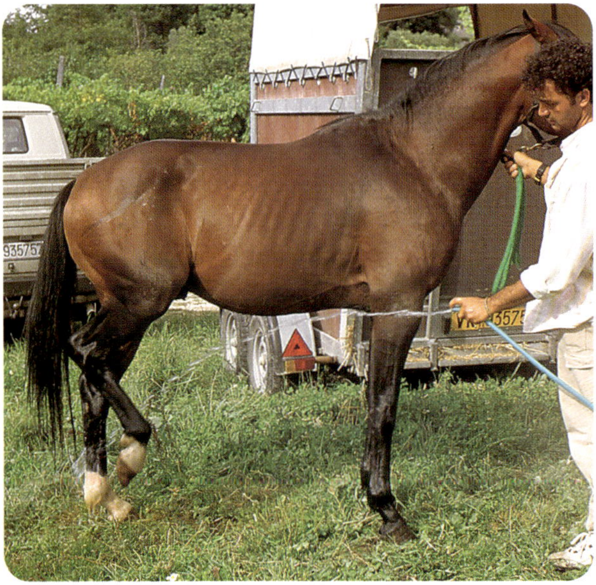

▶ Algunas cuadras están además provistas de **solarium**: puede ser útil en ciertas situaciones de emergencia, cuando resulta absolutamente imposible mover al caballo sudado después del trabajo, para secarlo mejor después del lavado o al regresar de un paseo en una lluviosa tarde invernal, para ayudarle a curar una repentina enfermedad o una lesión de tipo muscular.

Refrescar los miembros del animal supone una terapia contra la fatiga.

UN COBERTIZO POR POCO DINERO

Si quiere construirse un henil hay que tener presentes algunos puntos:
– debe elevarlo del suelo para evitar la absorción de humedades;
– debe estar protegido de la lluvia y debe resistir al viento;
– debe garantizar una correcta ventilación al material almacenado.

He aquí un modo de conseguir un buen henil con poco dinero. Hay que poner un techo (ondulado, de plástico o de otro material) con una pequeña pendiente, arrimado a una pared del fondo de la cuadra; los tres lados abiertos pueden ser cerrados mediante plásticos. En la pared del fondo se dará una capa de yeso para asegurar una buena absorción y disminuir el crecimiento de hierbas que den lugar a moho, además en sus 4 esquinas se colocarán ordenadamente cubiertas de ruedas usadas.

Encima de éstas apoye robustas tablas distantes entre sí de 15 a 20 cm. Así puede apilar el heno manteniéndolo por encima del suelo de manera que no se moje y no desarrolle moho, y estará siempre resguardado del viento. Las láminas de plástico estarán siempre levantadas para evitar la formación de condensaciones, bajándolas sólo en caso de lluvia. En invierno se debe dejar un lado siempre abierto.

Puede colocarse en el pasillo de la cuadra pero no es un aparato indispensable, y para esto vale lo que diremos de la cubierta.

Almacenes y heniles

Son estructuras cuya adecuada instalación y mantenimiento facilita el trabajo y el correcto almacenamiento de los productos que en ellos se conserven.

▶ Es útil tener en nuestra cuadra un **almacén** destinado a depósito de los alimentos secos, de la viruta, de los alimentos frescos (verduras y frutas), y donde colocar también el armario de los medicamentos y los cepillos de aseo.

Los alimentos secos se comercializan por lo general en sacos de 25-30 kg; será útil por tanto disponer de una carretilla para transportarlos de un lado a otro.

SI SE ROMPEN LAS CINCHAS

He aquí cómo poner remedio a un pequeño pero incómodo incidente: la rotura de una cincha.
Con un cuchillo iguale los bordes rotos de la cincha y superponga después los dos extremos unos 6 cm; en los extremos superpuestos practique tres perforaciones correspondientes a los vértices de un triángulo (véase esquema).

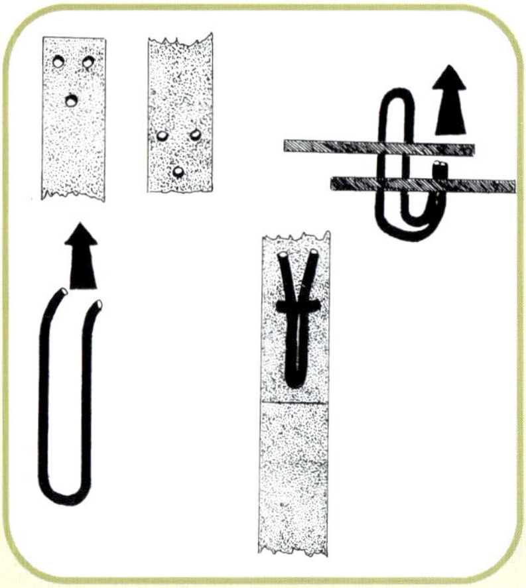

Procúrese un alambre de unos 15 cm, fino pero resistente (también sirve una tira de cuero o el cordón de una bolsa o de una toalla, a falta de otra cosa), y una las extremidades en los agujeros correspondientes a los ángulos de la base del triángulo, de arriba abajo. Junte después las dos cabezas haciéndolas coincidir en los agujeros correspondientes al vértice (de abajo arriba), pase a continuación las dos cabezas sueltas por debajo del segmento de cuerda de base y tire con decisión para apretarlo todo. Esto será suficiente hasta llegar a la cuadra.

▶ El **henil**, local donde se guardan el heno y la paja, acostumbraba a construirse sobre la cuadra, lo que contribuía al buen aislamiento del edificio; esta solución, por otra parte, tiene el defecto de hacer incómodo el aprovisionamiento. En la actualidad el pajar se suele situar a un costado o muy cerca de la cuadra y se cierra por tres lados.

La guarnicionería

La guarnicionería es el lugar donde se guardan los aparejos del caballo. Estos locales tienen un sistema de vigas de madera o de hierro, sobre los cuales se dejan las sillas, y perchas en metal plastificado o en madera. Otros pueden estar abastecidos de bancos y baúles para guardar los utensilios del caballo.

No es un lugar indispensable; si no tenemos muchos caballos, se puede colgar un portasillas en cualquier pared de la cuadra (donde no estorbe) o sobre un caballete. Las perchas se pueden poner fuera

del box, en la pared que da al pasillo, en la parte superior de la viga.

Desinfección y limpieza de la cuadra

Se debe **desinfectar periódicamente el box**. Habría que hacerlo cada dos meses o, si no fuese posible, al menos cada seis meses. Será conveniente cambiar a menudo de desinfectante porque no hay uno universal que sirva para todos los gérmenes; la sustancia no deberá ser peligrosa para la salud de las personas ni de los caballos; se hará mejor con el box vacío.

Para realizar la desinfección de modo óptimo se rocía dos veces cada 15 días. Hay que considerar las distintas alternativas, elegir entre una gran variedad de productos ofrecidos por cooperativas agrarias, vendedores de piensos e instituciones veterinarias; entre los productos más usados, en cualquier caso, está la creolina, que además de ser un eficacísimo desinfectante tiene la propiedad de eliminar el desagradable olor de la orina. El abrevadero debe limpiarse con una bayeta de euclorina y aclarar después bien dejando correr el agua el tiempo suficiente.

Los árboles que hay en los prados y en los alrededores de la cuadra son una buena sombra para los caballos cuando están fuera.

▶ **La cuadra se ordenará y limpiará a diario.** Con una manguera se lava el suelo de los pasillos de acceso al box, para desinfectar y no levantar demasiado polvo cuando se barre.

▶ **Ratones y moscas.** Inevitablemente, están siempre presentes en una cuadra; por desgracia pueden ser causa de problemas molestos, en particular las moscas, que además son vehículo de transmisión de numerosas enfermedades.

Es verdaderamente imprudente el uso de venenos: resulta mucho más seguro y eficaz beneficiarse de la ayuda de un gato: se comprobará que representa una eficaz forma de disuasión contra ratas y otros roedores y, además, hará compañía al caballo, que normalmente sufre de soledad.

Lo importante es que el gato pueda entrar y salir a su antojo de la cuadra, que pueda tener libre acceso al almacén del pienso y que no sea sobrealimentado hasta el punto de perder el instinto de cazador propio de los felinos.

NORMAS VIGENTES

No debe olvidarse que antes de comenzar la construcción de una cuadra hay que solicitar el permiso de obra en el Ayuntamiento, el cual comunicará las normas vigentes (datos técnicos y distancias mínimas de las viviendas colindantes). Hay que acudir además a los organismos competentes para conocer las normas sanitarias, que cambian de una región a otra. Además es obligatorio siempre un desagüe de líquidos, y el suelo del box debe tener un conducto que vierta en el estercolero. Este último debe cumplir unas especificaciones muy precisas (que cambian según la zona donde se habite). Todas las construcciones deberán pues superar los correspondientes controles administrativos.

CUIDADOS

Con el término "cuidados" se alude a las atenciones necesarias para un correcto mantenimiento del caballo. Como ya se ha dicho, un caballo en libertad es perfectamente capaz de cuidar solo de su higiene, pero esto no sucede con un caballo que debe pasar muchas horas encerrado en un espacio pequeño: así pues, el tiempo empleado atendiéndolo y el contacto físico necesario para ello es importantísimo para quien lo cuida y para él, para profundizar en el conocimiento mutuo y para conjurar muchos temores injustificados entre corcel y dueño.

También, cuando el caballo está guardado en una cuadra, hay que procurar prodigarle cuidados personales todo el tiempo que sea posible. El masaje y los cepillados resultan beneficiosos para los músculos y la piel, y favorecen la renovación del pelo.

Es posible desempeñar una importantísima actividad sanitaria de carácter preventivo identificando muchas patologías en sus estadios iniciales: observar por ejemplo eventuales alteraciones de temperatura, detectar hinchazones debidas a traumatismos o picaduras de insectos, irregularidades del pelo causadas por restregones o por alguna enfermedad cutánea...

Hay que aprender a conocer al caballo en sus mínimos detalles; él agradecerá muchísimo la atención que se le dispense (no debemos olvidar que cuando viven en manada estos animales se limpian recíprocamente) y también aprenderá a conocerse mejor; en el caso de un potrillo, además, el mozo de cuadra representa el primer encuentro con los seres humanos, y es importante que este contacto no sea traumático para no comprometer su desarrollo y su carácter futuros.

De izquierda a derecha: dos cepillos diferentes (el primero, verde, está indicado para caballos sensibles); dos limpiacascos, uno con cepillo, utilizados para limpiar la parte inferior del casco; peine para crines y cola.

EQUIPAMIENTO

Se deberá, por tanto, cepillar y limpiar a menudo al caballo; será preferible, para realizar esta tarea, saber cuáles son los útiles necesarios y cómo emplearlos para hacer mejor el trabajo.

ALMOHAZA

Se compone de una lámina en forma rectangular, cuadrada, redonda u ovalada, del tamaño de un cepillo, sobre la cual están fijadas púas dentadas y biseladas; puede tener un mango o una cinta pasamano.

▶ Su función es eliminar de la capa la suciedad superficial más evidente (polvo, grumos de barro o pelos muertos). Debe emplearse con cierta delicadeza porque su

acción es más bien ruda y a algunos caballos no les gusta; puede ser de hierro, plástico duro o goma.

Según el material con el que esté fabricada su efecto es más o menos enérgico y por tanto debe ser adecuada a la sensibilidad del ejemplar que recibe nuestros cuidados.

En las tiendas especializadas es posible encontrar también almohazas eléctricas, que aunque por un lado pueden evitar problemas de polvo (están unidos a un aspirador) por otro impiden que el caballo reciba el beneficio de un buen masaje proporcionado por el tradicional cepillado a mano.

Cepillo

Es un cepillo ovalado de crines o cerdas mas bien rígidas. Se usa generalmente junto con la almohaza, empuñando uno en cada mano: se pasa rápidamente la almohaza en una zona pequeña, se golpea luego sobre el dorso del cepillo para sacudirla del polvo recogido y después se pasa el cepillo para eliminar completamente el polvo más fino y las partículas de suciedad.

Cepillo áspero

Es un cepillo más bien grande, de forma oval y con cerdas de brezo. Puede sustituir a la almohaza cuando no es necesario intervenir a fondo, o bien puede sustituir al cepillo cuando hay mucha suciedad. Resulta útil para la limpieza de las patas, para las cuales la almohaza es poco eficaz, y para zonas más delicadas.

Cepillo de cerda

Sirve para refinar el trabajo del cepillo áspero y la almohaza e interviene en las partes más delicadas (cabeza, zona de los ojos, hocico).

Peine

Son de hierro o materiales sintéticos rígidos, con dientes largos de punta redondeada. Se utilizan para el cuidado de la cola y de las crines; en caso de nudos gruesos es mejor deshacerlos con los dedos, porque el peine enreda todavía más y se corre el riesgo de arrancar crines.

A la izquierda y en alto, cepillo y cepillo áspero, útiles para la limpieza ordinaria; más abajo, cepillo de cerda para la limpieza suave.

Limpiasudor

Es una lámina de metal flexible y con bordes redondos, de 60 cm de largo y de 5-6 cm de ancho, con mangos en las extremidades. Se utiliza siguiendo el envés del pelo (su flexibilidad le permite adaptarse bien a la forma del cuerpo) y sirve para eliminar el exceso de sudor o de agua del pelo y acelerar así el secado; la humedad que queda se secará haciendo caminar al caballo.

Limpiacascos

Es un hierro redondo, doblado en una extremidad en forma de gancho, con mango y cepillo al otro lado. Se usa para limpiar las pezuñas extrayendo la tierra, piedras y estiércol del interior de los cascos, en los huecos de la ranilla y entre la herradura y los cascos. Con el cepillo se limpia finalmente todo el casco por dentro y por fuera.

Pincel y grasa

Se usa para engrasar los cascos, después de haberlos limpiado cuidadosamente, y, en los casos en que se crea necesario, para aislarlos en condiciones adversas (humedad excesiva –barro o estiércol–, o sequedad, condición en la que los cascos corren peligro de deshidratarse).

Cubos, esponjas, trapos, pelos de gamo

Completan el equipo para cuidar al caballo. La **esponja húmeda** sirve para limpiar los ojos, narices y genitales (es mejor usar distintas esponjas para cada parte del cuerpo). Un **trapo de algodón** mojado en agua y vinagre de manzana servirá para dar brillo al pelo y para alejar a los insectos y, bien escurrido, se pasará por toda la capa para completar la limpieza.

Esquilar y cubrir

Es habitual el uso de **cobertores** para absorber el sudor y evitar que el caballo sufra variaciones de temperatura durante los cambios entre el trabajo y el descanso, o bien en caso de ser esquilado; esta medida facilita el trabajo del hombre pero no beneficia a la salud del animal.

Es bueno aprovechar la necesaria periodicidad del aseo para disfrutar de un contacto estrecho con el caballo.

EL ASEO DEL CABALLO

Las operaciones de limpieza son muy importantes tanto antes como después del trabajo o del paseo: para eliminar polvo y cuerpos extraños de los cascos y del cuerpo antes de poner la silla y los arreos y después para enjugar el sudor, para asegurarnos de que debajo de los cascos no haya cuerpos extraños y para refrescarle las patas con agua corriente.

1

Para limpiar al caballo se empieza pasándole alternativamente almohaza y cepillo fuerte, partiendo de la cruz y prosiguiendo por todo el cuerpo; se evitará usar la almohaza sobre las partes más sensibles y delicadas. La almohaza se limpia golpeándola sobre el dorso del cepillo. Se pasa después un cepillo de cerda más blando por todo el cuerpo del animal.

2

3

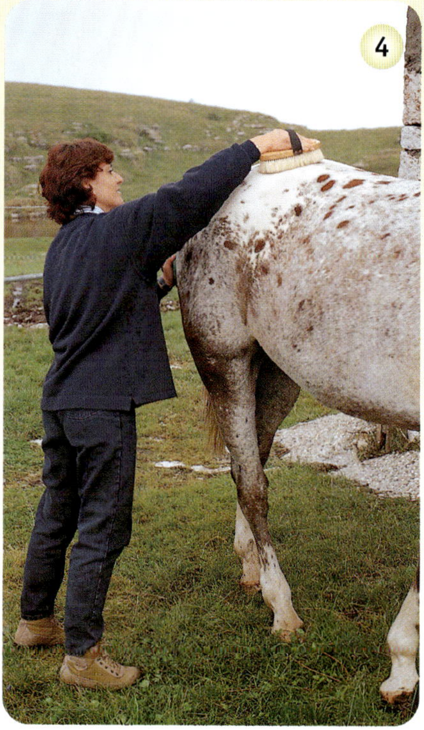

4

En conclusión, el caballo debe volver al lugar en el que vive (prado o box) perfectamente seco y limpio. Recuérdese que debe sometérsele a baños completos lo menos posible: los lavados frecuentes pueden alterar el pH de la piel y causar descompensaciones en la protección natural del pelo.

Es conveniente tener un cepillo de cerdas blando solamente para la cabeza. Con una esponja húmeda se pueden limpiar los ojos, la nariz y la boca y con otra (que se reservará para este fin) el aparato genital.
La cola debe cepillarse con cuidado y, si es necesario, se lavará sumergiéndola en un cubo que contenga agua y jabón o solamente agua.

Muy importante es la limpieza de los cascos (antes y después del trabajo). Se procede en efecto a quitarle cuidadosamente el barro o el estiércol con un gancho para limpiar cascos.

ESQUILADO Y TRADICIÓN

El cuerpo del caballo está naturalmente recubierto de un tupido pelaje que en invierno es todavía más espeso. Si no se le somete a esfuerzos excesivos y por consiguiente no se le obliga a sudar demasiado (cosa que debe formar parte de nuestras costumbres) sino que está libre en la cuadra, es preferible dejarle su "manta" natural de pelo; además, cuando llega el calor estival el pelo se aclara espontáneamente. Recuérdese que el esquilado, aunque lo realicen manos expertas, es siempre una operación que altera y pone nervioso al caballo.

En el mundo ecuestre el esquilado completo se usa en general para los purasangre, trotadores y saltadores. Otras formas de esquilados tradicionales se llevan a cabo según el trabajo, por estética y también solamente por costumbre.

Algunos ejemplos de esquilados tradicionales. De arriba abajo, esquilado de recorte o parcial, esquilado en manta y esquilado de caza. También en este último caso –en que se deja sin cortar el pelo que cubre las patas y la grupa– el caballo continúa expuesto a los cambios bruscos de temperatura.

Esquilar consiste en cortar el pelo: de esta manera el caballo suda menos, es más fácil secarlo después del trabajo y se limpia mejor.

Habiendo eliminado una de las protecciones térmicas prevista por la naturaleza, hay que sustituirla con medios artificiales (cobertores de diversos tamaños y materiales), que sirven también para impedir que el pelo crezca demasiado rápido; aun así, es difícil sustituir de forma adecuada a la naturaleza.

Es preferible evitar esta práctica para que el "control térmico" natural del caballo pueda funcionar correctamente.

El pelo del caballo se espesa naturalmente durante los meses más fríos dándole al animal un simpático aspecto.

▶ Los **peinados** varían según la raza y el tipo de caballo, pero son refinamientos que poco tienen que ver con la naturaleza equina (los caballos en estado salvaje no van al peluquero en las ocasiones especiales), aunque pueden complacer nuestro sentido estético. Realizar un peinado concreto a un caballo requiere mucho tiempo, además de mucha habilidad (existe un buen número de obras dedicadas a este asunto); una forma mejor de emplear el tiempo sería pasar unas cuantas horas al aire libre con él.

▶ La manera correcta de actuar sería preparar bien al caballo antes o después del trabajo o del paseo. Recapitulemos, pues, una vez más las distintas fases:

- antes de salir de la cuadra es necesario cepillar y limpiar los cascos;
- después hay que ensillarlo correctamente;
- se le refrescan las patas con agua fría;
- antes de volver a la cuadra se mueve al animal hasta que esté totalmente seco;
- se controla su estado de limpieza, especialmente debajo de los cascos;
- hay que poner mucha atención en que no beba hasta que haya recuperado su estado normal de reposo.

▶ El cobertor, sobre todo cuando se usa inoportunamente, no sustituye a estas atenciones y puede causar excesiva sudoración si se deja más tiempo del debido.

CUÁNDO USAR EL COBERTOR

A menudo, en ciertas patologías o en determinadas situaciones de emergencia, es inevitable cubrir al caballo. Hay que recordar sin embargo que:

- *el cobertor debe ser de la talla del caballo;*
- *es preferible que esté hecho con tejidos naturales y no sintéticos;*
- *debe estar provisto de cierres adecuados y en perfecto funcionamiento para evitar que la correa, o el cobertor, cuelguen y hagan tropezar al caballo cuando se tumbe o se levante provocándole serios problemas;*
- *el cobertor se lavará regularmente para evitar que el polvo, mezclado con el sudor del caballo, forme en la cara que está en contacto con la piel una costra espesa y dura, que podría producir arañazos y heridas sobre la cruz y el lomo. Luego, es necesario sacudirle bien el polvo y los cuerpos extraños;*
- *no hay que dejarlo puesto más de lo necesario para impedir que, una vez fuera, el caballo se enfríe.*

Tocado

El tocado consiste en el arreglo cuidadoso del caballo desde el punto de vista estético con motivo de ferias, concursos u otros acontecimientos. Se arreglan el pelo y las crines, y se peinan las crines y la cola.

ALIMENTACIÓN

La alimentación, como para todos los seres vivos, es muy importante para el caballo: una dieta incorrecta puede causar problemas muy graves para su salud, mal rendimiento y alteraciones del estado psicológico.

Es importante además que se haga un estudio de cada ejemplar, cada caballo tiene sus propias exigencias y no siempre un ejemplar de gran tamaño come más que uno de talla inferior.

En la naturaleza, el semental cabeza de manada –el caballo que tiene la mayor responsabilidad dentro del grupo, el que consume más energía (además de para producir descendencia, para hacer frente a los retos de los jóvenes sementales y para vigilar y proteger a toda la manada de los ataques de los depredadores), el que desempeña el rol más fatigoso y descansa menos– come en definitiva mucho menos que los demás. Según la lógica debería ser el más delgado, el más feo, pero su figura emerge sobre el resto de la manada como la más majestuosa, la más enérgica y la de musculatura más definida.

De ello se desprende una vez más que los criterios de valoración humana no siempre coinciden con lo mejor para la naturaleza equina.

La andaluza es una raza producto de las más antiguas culturas ecuestres que se conocen. Utilizada inicialmente para combatir, ha dado pruebas continuas de su valor y equilibrio en la Alta Escuela, en los viajes, en el arrastre de vehículos y en las más humildes labores agrícolas. El inigualable equilibrio psicológico, la fluidez de los movimientos, la imperturbabilidad al afrontar cualquier situación y la resistencia hacen de este animal un excepcional compañero de senderismo.

HÁBITOS ALIMENTICIOS

Con una buena alimentación, alcanzará un rendimiento óptimo (este animal rinde según lo que come) y será tanto más equilibrada si no tiene carencias de ningún género, ni siquiera de esas sustancias que, aunque en cantidades mínimas, son imprescindibles para el mantenimiento de un óptimo equilibrio fisiológico, psicofísico y emocional.

▶ La sobreabundancia puede ser más dañina que la escasez: muchas enfermedades son causa del **exceso nutricional**, ya sea por cantidad o por calidad; a veces un ejemplar que trabaja poco y pasa casi toda la semana encerrado en el box recibe la misma dieta que los caballos de carreras: aunque se actúe de buena fe creyendo hacerlo bien, los animales sufren así más de un cólico.

▶ Es necesario por otra parte distinguir entre animales que viven libres en un prado y animales **encerrados** (box o recintos desprovistos de hierba); en el primer caso el caballo es libre de elegir, él solo, lo que come entre la variedad de hierbas a su disposición; en el segundo, son los seres humanos los responsables de escoger los alimentos precisos, teniendo en cuenta la edad del corcel y el trabajo que el animal debe desarrollar.

CUÁNTO COME UN CABALLO

Esta es la pregunta que quien trabaja con caballos suele hacerse más a menudo. Es difícil responder en pocas palabras porque, como se ha explicado antes, las cantidades y las clases de piensos varían de un caballo a otro y según la estación. Sólo un veterinario podrá indicarle con exactitud, conociendo al equino y su forma de vida, qué alimentos, cuántas raciones y qué cantidad hay que darle.

▶ El **caballo en estado salvaje** se alimenta exclusivamente de vegetales; su gran capacidad de adaptación le permite sobrevivir en las condiciones más difíciles y su desarrollo corporal y la energía que produce varían en relación con la cantidad y la calidad del pasto, pero también cambia según las estaciones, los factores climatológicos y el trabajo al que el animal esté destinado.

La alternativa ideal es tener a disposición un pasto prudente y limitarse a completar la alimentación cotidiana del caballo con forraje y comida variada, adecuando las cantidades en proporción con las distintas exigencias (complexión física, raza, estado de salud, sexo, edad y trabajo que vaya a realizar).

CÓMO COME

El caballo es un animal **herbívoro monogástrico**, que tiene un estómago relativamente pequeño y un intestino largo y de gran capacidad. Mastica la comida con eficacia y precisión, y, en libertad, los caballos pasan la mayor parte del tiempo alimentándose, llenando el estómago muy a menudo durante el día.

▶ Teniendo en cuenta sus costumbres en estado natural, lo mejor es suministrarle poco pasto y con frecuencia. En los centros hípicos se alimenta a los corceles dos veces y en el mejor de los casos tres: lo ideal es aproximarse lo más posible a las necesidades de la naturaleza equina.

Existen a la venta aparatos programables para distribuir los alimentos en diferentes momentos del día y que pueden facilitar esta tarea.

Es preciso poner especial atención en la manutención para prevenir daños que obliguen a los caballos a ayunos forzados, y no olvidar que las máquinas no sustituirán nunca a nuestros cuidados.

EL HENO: CÓMO, CUÁNDO Y POR QUÉ

Cuando se busca heno para los animales, a menudo se entra en contacto con distintas personas y difícilmente, sobre todo las primeras veces, se consigue distinguir de inmediato el buen heno; sin embargo, si tratamos con un proveedor que lo trae directamente a casa podremos optar por devolverlo si no es de nuestro agrado. Dicho esto, y sabiendo que es esencial encaminarse a un proveedor de confianza, he aquí algunos requisitos útiles que hay que tener en cuenta.

Un buen heno para caballos debe tener muchas hojas y pocas espigas, y ser rico en hierbas diversas, como gramíneas y leguminosas, si bien muchos proveedores tienen la costumbre de suministrar heno compuesto exclusivamente de avena y/o alfalfa. El heno del prado natural o cultivado debe ser siempre de buena calidad y no tener polvo, moho u otros cuerpos extraños; el color debe ser verde pajizo oscuro, ser blando y con tallos finos y tener buen olor. En tiempos se decía que el heno de mayo (el que se siega en mayo) era el mejor para el caballo. Hoy se dice que es preferible el de agosto (el que se siega en agosto), que resulta más rico en leguminosas y por tanto más rico en proteínas: esta costumbre nace de las exigencias humanas de querer caballos siempre más robustos aunque vivan encerrados.

¿CUÁNDO COMPRARLO?

Aunque recién segado el heno cuesta menos, se desaconseja comprarlo en ese momento: el periodo mejor para hacer provisión es por lo menos 40 días después de la siega (la fermentación ha concluido y además el heno pesa menos), preferiblemente antes del invierno, época en la que los precios suben mucho.

HENO Y PAJA

Es el olfato el que ayuda a reconocer el heno de calidad. Aunque se carezca de experiencia, el aroma de un buen heno es inconfundible; este característico olor, agradable y estimulante, es el resultado del proceso de fermentación, que se desarrolla de la mejor forma cuando el heno se conserva correctamente. Después de la siega debe dejarse en el campo el tiempo necesario para que alcance el grado justo de secado: no debe ser muy verde porque, a causa de la excesiva humedad, no fermentará de forma correcta con la consiguiente producción anormal de moho; por el contrario, si la falta de humedad

Maíz en copos (arriba), harina (a la derecha) y pienso (página siguiente).

fuese demasiado acentuada perdería la parte foliar; es importante por otro lado no permitir que la lluvia lo moje, lo que le haría perder buena parte de su poder nutritivo.

▶ La **paja** es un alimento de escaso valor nutritivo pero muy útil por su aporte de fibra. Puede mezclarse con el heno, o bien que el caballo la coja directamente de la cama, siempre que se utilice de una calidad que la haga apta para este fin: en tal caso hay que reducir las raciones de pasto que el animal recibe.

Concentrados

Con este término se designan los cereales de grano en general –avena, cebada, maíz, centeno, trigo– que contienen de forma concentrada un elevado poder nutritivo. Tratándose pues de alimentos altamente nutritivos habrá que procurar no darlos en cantidades excesivas.

▶ Las raciones deben adaptarse a las distintas exigencias del equino:

al **trabajo** que desarrolla (un caballo que se mueve 2-3 horas a la semana para dar un paseo tiene distintas exigencias que el que está dedicado al deporte);

– a la **raza** (a igualdad de estatura y peso dos ejemplares de razas distintas tienen diferentes necesidades nutritivas);

– a la **edad** (un potrillo ha de ser alimentado de distinta forma que un adulto).

Hay que preguntar al veterinario sobre la cantidad y calidad de los concentrados para evitar errores.

Todos los productos destinados a la alimentación del caballo deben conservarse adecuadamente.

Harinas y salvados

Las **harinas** tienen las mismas propiedades que los granos de los cuales derivan, pero son más digeribles: siempre se suministran humedecidas y mezcladas con otros alimentos.

▶ Con ellas se prepara una **papilla** que se da al caballo de cuando en cuando: se trata de mezclar harinas de avena y cebada, un puñado de semillas de lino y salvado y cocerlo todo media hora a fuego lento (estando atentos para que no se pegue a la cazuela); en caso de enfermedad la papilla

En el momento de la compra hay que comprobar los cereales para verificar la ausencia de moho y de humedad y la integridad de los productos.

puede prepararse con mayor porcentaje de salvado para hacerla laxante, sin perder su valor energético y sin ser pesada.

Hay muchas formas de preparar esta papilla (que se dará fría), aunque lo mejor es preguntar la receta al veterinario, que podrá indicar la frecuencia, la composición y las dosis adecuadas.

▶ El empleo de estas papillas es más frecuente donde la "humanización" del caballo ha alcanzado el nivel más alto. Representa un alimento que se aleja mucho de la dieta que un caballo encontraría en la naturaleza, y además es preferible prevenir la necesidad de alimentos curativos ofreciendo al corcel un ambiente y un estilo de vida lo más cercano posible a su naturaleza (cosa que, por otro lado, no resulta en absoluto difícil).

PIENSOS COMPUESTOS Y PASTEURIZADOS

El progreso ha permitido producir alimentos cada vez más adecuados para la nutrición equina, proveyendo al animal de todas las sustancias que le son necesarias.

Hay que vigilar que los piensos no presenten moho u otras alteraciones.

ANTIGUOS REMEDIOS ALIMENTICIOS

Muchos alimentos han sido usados por el hombre, desde la antigüedad, como remedio de estados patológicos y de malestares propios de los caballos. Un ejemplar sano y bien alimentado no tiene necesidad de ellos, por tanto no hay que abusar y usarlos sólo cuando los necesite (determinadas enfermedades, agotamientos, embarazos, lactancia, para el ejemplar atleta y el potrillo, etc.); lo mejor es, con la ayuda del veterinario, estudiar una dieta integrada.

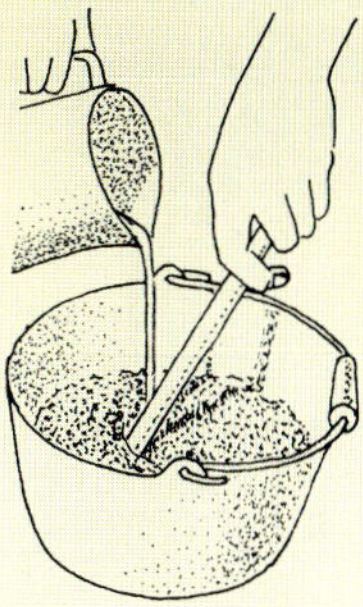

- ***Las semillas de lino*** *son un valiosísimo reconstituyente para el animal que trabaja mucho. Habitualmente se suele administrar un puñado a la semana, sobre todo en invierno, por su elevadísimo aporte energético. Atención sin embargo a la administración y a no exagerar la dosis: las semillas de lino contienen cierta cantidad de cianuro y la única manera de eliminarlo es hirviéndolas por lo menos una hora después de haberlas pulverizado con un molinillo de café; una vez enfriadas se vierten con el caldo de la cocción directamente sobre las raciones de forraje.*
- *Los granos de hinojo y de anís estimulan el apetito y la digestión. Mezclar con el heno unas pequeñas dosis (10 g de granos/1 kg de forraje).*
- *Algunas gotas de vinagre estimulan la salivación y los jugos gástricos, favoreciendo el apetito. La misma dosis de vinagre de manzana mezclada con agua tiene una acción refrescante.*

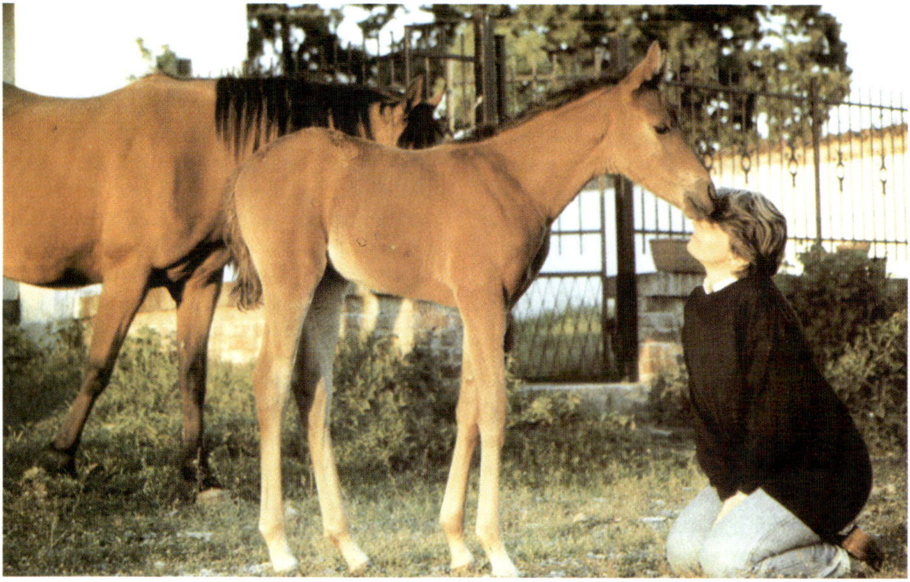

Para elegir un buen pienso es preferible **abastecerse de productores especializados en la alimentación para caballos**. Lo mejor son las firmas que producen solamente alimentos para caballos, porque a menudo los piensos no son más que ligeras variantes de alimentos estudiados para otras especies animales, productos que se lanzan al mercado para coger al vuelo las ganancias que proporciona el creciente interés por el mundo equino.

▶ El **pienso** ofrece la ventaja de ser fácilmente almacenable, resulta apetecible, carece de polvo y es fácil determinar exactamente la ración que hay que dar al caballo para suministrarle todos los oligoelementos que difícilmente reúne un alimento único.

Sin embargo tiene un coste elevado, no siempre las garantías de su composición son suficientes y, por último, al tener un volumen reducido se termina demasiado deprisa para el gusto del caballo, al que le encanta entretenerse con la comida (no olvidemos que en libertad pasa gran parte del tiempo comiendo).

COMPLEMENTOS

▶ **Zanahorias, manzanas y peras** no tienen contraindicaciones ni siquiera cuando se dan en grandes cantidades. Se usan para enriquecer la dieta equina; las manzanas y las peras han de ser troceadas en cuatro, porque si se comen enteras pueden provocar cólicos.

▶ Ofrecer cualquier otro alimento fuera de lo indicado en estas páginas es una imprudencia en condiciones normales.

Debemos evitar cuidadosamente todos los productos elaborados y destinados a la alimentación humana –como pan, dulces, caramelos, chocolate y azúcar – aunque el caballo demuestre apreciarlos muchísimo, porque hacemos daño a su salud de la cual somos, en calidad de propietarios, responsables.

▶ A los potros, yeguas y caballos destinados a la competición siempre es mejor alimentarlos según dietas específicas estudiadas en cada caso por un profesional experto.

TRANSPORTE

No se crea que el transporte en **trailer** (remolques preparados para alojar uno o dos sujetos) o **van** (furgones, camiones o autocares con instalaciones especiales para el transporte de un número variable de animales en relación a la medida del vehículo) atañe sólo a caballos destinados a las competiciones; muy al contrario, este asunto es también de interés para los apasionados del senderismo que deseen variar los itinerarios de los paseos o sumarse a grupos de otras localidades más o menos próximas.

▶ Haciendo uso del sentido común es posible viajar sin que los resultados para propietarios y animales sean excesivamente fatigosos o traumatizantes. Para ello, hay que poner mucha atención a los siguientes detalles:

- **El momento del día:** las horas más indicadas para viajar son las más frescas en verano (vespertinas o nocturnas) y las más calurosas en invierno (el mediodía).
- **La alimentación:** antes de salir no le daremos al animal pasto abundante; es preferible disponer una red donde se deposite heno, que constituirá además una distracción para aliviar el estrés sufrido durante el viaje.
- **El agua:** durante el viaje el caballo debe beber frecuentemente, teniendo cuidado de que no sude mientras bebe y de que el agua no esté fría.
- **Las micciones:** en el interior del furgón se controlan la presencia de orina y heces para verificar la regularidad de estas funciones.
- **La forma de conducir:** se debe hacer de manera que la conducción resulte lo más tranquila y regular posible, sobre todo al tomar las curvas.

▶ Durante el viaje, si el trailer es para dos caballos pero sólo viaja uno (será mejor cargarlo a la izquierda para que permanezca en el centro de la carretera), conviene conservar el tabique divisorio para evitar desplazamientos. Si se quieren prevenir traumatismos o lesiones se usan protecciones como las fundas acolchadas para las patas y los vendajes protectores para la cola, puesto que con algún movimiento el animal puede perder el equilibrio y dañarse golpeándose (sobre todo las patas) contra las paredes.

Observe el trailer en el que irá el caballo, ponga atención a las zonas más peligrosas.

CONDUCIR SEGÚN LA LEY

Antes de comenzar un viaje con un tráiler conviene conocer el peso del caballo (o de los caballos) que hay que transportar, el peso máximo del vehículo que usaremos para el transporte (que se comprueba en su tarjeta técnica) y el peso de la carga en total (que no debe superar lo máximo indicado con el tráiler). En cuanto al enganche, hay que comprobar asimismo el peso remolcable para el que está autorizado y asegurarse de que está homologado por el fabricante del automóvil en el que se va a instalar. Es preferible que lo monte un especialista o un concesionario. Tras esa operación, y con toda la documentación necesaria, hay que ir a pasar la ITV. La comprobación del peso total es imprescindible para conocer el tipo de carné de conducir que se va a precisar: con el permiso habitual de la clase "B" se pueden arrastrar remolques de hasta 750 kg; en caso de que excedan de ese peso, pueden llevarse siempre que el peso máximo autorizado del remolque no sea superior a la tara del automóvil al que va enganchado y si la suma de los pesos autorizados de ambos vehículos no supera los 3.500 kg; en caso de no cumplirse estos requisitos, el permiso adecuado pasaría a ser el de la clase "E", para vehículos con remolque no ligero.

Asegúrese antes de partir de estar en regla con las normas vigentes; de este modo, evitará controles y multas.

Los automóviles más adecuados para tirar de un remolque son los de tracción a las cuatro ruedas (4x4) o los de tracción trasera. Los vehículos todoterreno, por sus características, son los que mejor cumplen esta función. Al hablar de motores, son más recomendables los diésel.

Es muy importante también fijarse en las características del remolque que va a transportar a nuestros caballos. No vale cualquiera. Por ejemplo, siempre es mejor para el animal si el interior está pintado en un color claro (que produce sensación de amplitud), es largo y alto, y va provisto de ventanas panorámicas que ayudan a que el caballo se relaje viendo el exterior de su habitáculo. Asimismo, parece que, en general, se encuentran más tranquilos si, en caso de que existan separaciones entre ellos, éstas son de madera; aunque no ocurre con todos los caballos, pues aquellos que sufren de pánico prefieren las de caucho o ninguna. En cuanto al suelo, debe ser antideslizante tanto en la tapa del remolque como en el interior, y éste debe estar bien ventilado, aunque sin corrientes.

La elección del trailer (o van)

Cuando se elige un trailer hay que pensar en el arrastre: deberá ser un vehículo que tenga la estabilidad y la potencia adecuadas (el peso del remolque, además de estar en movimiento, queda alto con respecto al suelo y por consiguiente es más proclive a peligrosos bandazos). La elección debe hacerse no según criterios de estética, sino de eficacia.

▶ He aquí las principales características de un **buen trailer**:
- total ausencia de aristas, tornillos, ganchos, etc., en su interior;
- suelo fuerte (hay que tomar la precaución de controlar frecuentemente los excrementos que pueden dañarlo) y que no resbale (se venden revestimientos de goma muy resistentes);
- divisiones interiores y travesaños que bloqueen al caballo por delante del pecho y detrás de las nalgas (bien fijados durante el viaje); deben ser fáciles de quitar;
- apoyos seguros y fijos (no ligados a divisiones internas) a los que aseguraremos el animal durante el viaje (aunque el caballo esté "anclado" deberá gozar en todos los casos de cierta libertad de movimiento) y a los cuales sea posible sujetar una red para el heno;
- aberturas que permitan una buena ventilación sin causar peligrosas corrientes de aire;
- luces posteriores, que no deben tener salientes afilados, especialmente cuando se hallen muy próximas a la entrada del trailer (para no causar traumatismos ni heridas en las patas).

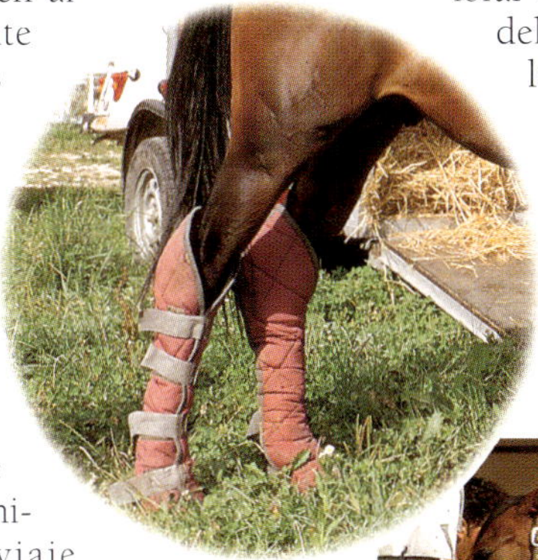

▶ Obsérvese también con atención la **rampa de acceso**:
- en los modelos más recientes los ejes del trailer quedan muy bajos, con lo que no es necesaria la rampa y el equipo es mucho más estable. En cualquier caso, la rampa debe tener una inclinación poco pronunciada;
- debe estar revestida de un material antideslizante, útil también para atenuar el ruido de los cascos;
- los bordes laterales no deben ser cortantes porque, en caso de que el caballo se desviara lateralmente durante la subida, resultaría muy peligroso para sus tendones.

Subida y bajada del caballo

Cuando hacemos subir y bajar al caballo del furgón o del trailer es bueno una vez más tener presente su punto de vista y valorar el problema desde la perspectiva del animal; el vehículo al cual sube le es desconocido o bien puede asociarlo a experiencias anteriores negativas, con el consiguiente trauma. A veces se producen escenas que, si no estuviera por medio el maltrato a los caballos, resultarían ridículas: extraños perso-

¡QUE SE ESCAPA!

Puede sucederle a cualquiera encontrarse ante el apuro de un caballo que huye, porque se siente aterrorizado por cualquier motivo o porque, simplemente, no quiere volver al box. En caso de que el caballo esté asustado o nervioso será inútil confundirlo acosándolo desde varios frentes: el resultado será atemorizarlo todavía más y acentuar al máximo el instinto de fuga (típico de los animales que se consideran "presas"). La ayuda puede venir bien sólo en caso de que el animal se meta en la calzada o que se dirija hacia una zona peligrosa: se pide entonces a la gente que se coloque bloqueando la salida agitando los brazos para disuadirlo de continuar en esa dirección. Si se trata de nuestro caballo hay que intentar calmarlo hablándole y utilizando un tono bajo y suave y acercándose lentamente desde un lado (haciéndonos bien visibles, así no nos considerará peligrosos). No dejaremos de hablar en ningún momento: antes de intentar agarrarlo tendremos que tranquilizarlo. Cuando haya recuperado la calma y nos reconozca, nos acercaremos y, sin hacer movimientos bruscos o inconvenientes, podremos cogerlo. Nos aseguraremos pasándole una cuerda alrededor del cuello sin apretar (se sujetan los dos extremos con la misma mano, así será fácil soltarlos y liberar al animal si es necesario). En este punto, sin prisas, le colocaremos la cabezada y lo llevaremos con la máxima calma adonde queramos.

najes que, afirmando ser grandes expertos, quieren introducir a la fuerza un caballo en el van tirando sin piedad del bocado o liándose a bastonazos, y los caballos que, a pesar de estas brutalidades, oponen tenaz resistencia.

¿Qué hacer pues para no renunciar al viaje?

▶ No se debe tener prisa (cuanta menos se tenga antes se alcanzarán los objetivos deseados) porque el tiempo del caballo tiene poco que ver con el de los seres humanos. En primer lugar, es necesario que el caballo conozca el medio por el cual debe subir. Si se usa una rampa ha de procurarse que tenga la menor inclinación posible para no incrementar el nerviosismo del animal.

Llegamos pues al momento en que el animal sube sin presiones de ningún género y, a ser posible, sin darle zanahorias o azucarillos; cada paso que lo acerca al interior del van o del trailer debe ser el resultado de una decisión suya. Para ello se procederá de tal forma que el ambiente sea tranquilo, mejor todavía si no hay otros caballos cerca, al menos las primeras veces y hasta que se le haya pasado el miedo.

▶ Cuando haya subido se le hará bajar de nuevo con toda tranquilidad, de forma que tome conciencia de que del trailer (o van) "¡se baja!". Si llega a comprender que a ese vehículo se sube y, sobre todo, se baja, el tiempo de permanencia en el interior no será un problema, porque el caballo tiene un sentido del tiempo muy diferente al nuestro.

▶ Ciertos trailers tienen, además de la rampa posterior, una segunda rampa anterior o lateral: es siempre mejor usar sólo la entrada posterior para la subida o la bajada con el fin de no confundir al animal.

Una vez que el caballo está convencido, haremos lo posible para que no cambie de idea: si los inconvenientes parecen insalvables, se recomienza todo desde el principio con más paciencia.

SALUD Y ENFERMEDAD

EL BOTIQUÍN

Tener a mano una caja (o una bolsa) para los primeros auxilios, por si hay que curar al caballo en la cuadra, en viajes o en cualquier caso lejos de los edificios de la cuadra, es bastante útil. Como en el caso del botiquín, hay que preguntar al veterinario cómo completarlo con el fin de que sea práctico y eficaz. He aquí de todas maneras el mínimo indispensable del que debemos estar abastecidos:

– gasas, vendas elásticas, esparadrapo, un par de pañuelos de algodón;
– desinfectantes (yodo, mercromina, agua oxigenada y jabón), alcohol;
– un par de jeringuillas de usar y tirar (sin aguja son útiles para desinfectar las heridas profundas rociándolas con el antiséptico adecuado);
– pinceles largos y espátulas (como las que se usan para modelar);
– tijeras y cuchillos;
– linterna;
– bolsas de hielo instantáneo (es decir, no del tipo que requieren cubetas para hacer hielo);
– vendas para torniquetes.

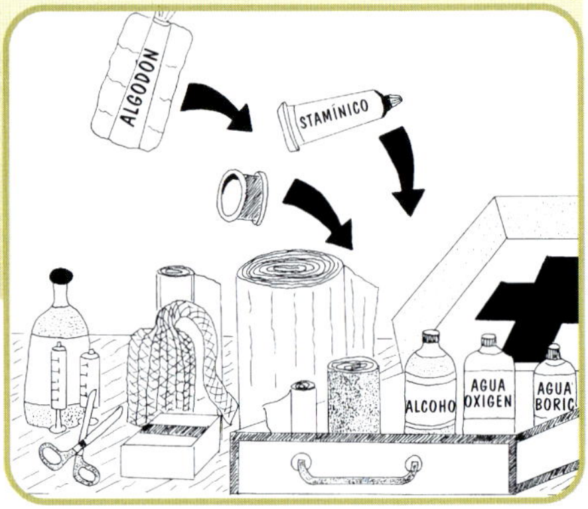

Aunque es **mejor prevenir que curar**, debe intentarse reaccionar con prontitud ante las urgencias más o menos graves, inevitables cuando se trabaja con caballos: son animales que, sintiéndose constantemente "presas", se asustan fácilmente dejándose llevar por el pánico lo que provoca incidentes cuya gravedad es directamente proporcional a su gran tamaño. Son además muy curiosos, lo que les dota de una especial habilidad para meterse en líos, como les pasa a los niños.

Es importante no delegar en otras personas la obligación de continuar con las visitas al veterinario y al herrero: se hará lo posible para ocuparse personalmente de los cuidados del caballo.

▶ Procúrese tener siempre al alcance de la mano –durante el paseo o en los viajes– el número de teléfono del veterinario y, en caso de no estar localizable, el de un sustituto: los incidentes acostumbran a suceder casi siempre en horas festivas o nocturnas. Anótese también el número de teléfono del herrero.

▶ Recuerde que el veterinario al que confiamos el caballo debe ser una persona en la cual se depositará absoluta confianza; a él debemos pedirle toda la información necesaria para aclarar las dudas.

▶ Es esencial tener una caja (o armario) portamedicinas o botiquín, equipado con todo lo necesario (instrumentos, vendas, tiritas, medicinas, etc.) para afrontar cualquier tipo de emergencia.

Hay que preguntar al veterinario de qué productos hay que aprovisionarse; en muchas farmacias será necesaria la correspondiente receta para comprarlos. Haciéndolo así se sabe qué productos pueden hacer falta y qué instrucciones deben darse si es precisa una intervención repentina mientras se espera que él llegue.

PRIMEROS AUXILIOS

En algunos casos surge la necesidad de mantener al caballo inmovilizado, al menos temporalmente, para evitar nuevos problemas además de los que se pretende resolver. Estos métodos se usan sólo si no queda más remedio y es absolutamente indispensable, considerando que para el caballo son, cuanto menos, psicológicamente violentos.

▶ Para **evitar que cocee** suele ser suficiente cogerlo de una pata y levantarla: faltándole un apoyo seguro es más difícil que reparta patadas. Si esto no bastase se puede recurrir a bloquearle las patas con una manea; es importante que esta operación la haga una persona experta en la que confíe. Para la manea es necesario usar una cuerda que, erróneamente utilizada, puede provocar **encordaduras** (heridas causadas por el roce sobre las patas, que son sumamente dolorosas y difíciles de curar; necesitan cuidados constantes durante un largo periodo).

▶ A menudo el caballo **se asusta más de las herramientas desconocidas** que se llevan que de la intervención en sí; hay que darle tiempo para conocerlas dejándole verlas y olerlas. En el caso de que esto no baste, un método rápido consiste en cubrir la cabeza del caballo con un trapo o cualquier cosa que le impida mirar; sin embargo, esto creará un precedente negativo y en el futuro el caballo se mostrará todavía más desconfiado.

▶ En todos los casos en los cuales nos encontremos obligados a alejar rápidamente al equino del box se debe actuar con determinación sin gritarle ni movernos mucho para no asustarlo más de lo que ya está.

Hay que acercarse a tranquilizarlo usando **tonos de voz muy bajos**. Recuerde que para el caballo el box representa un lugar familiar y seguro, y que podría por

URGENCIAS

Si se trata de heridas pequeñas será suficiente referirnos a lo escrito en estas páginas. Si la herida es más grave y si es necesaria la intervención del veterinario lo que se haga durante la espera no debe interferir con el diagnóstico y el consiguiente tratamiento que prescriba.
Antes de nada se limpia bien la herida (lavándola con agua corriente y jabón); esto puede ser suficiente para eliminar contaminantes como polvo, paja y piedrecillas. Si la herida está causada por cuerpos extraños grandes, no se extraerán para no dar lugar a hemorragias (puede ser que lo que le ha provocado la herida ocluya la vena, y además la eliminación puede dejar residuos –por ejemplo astillas– que luego son muy difíciles de localizar). Si es necesario detener el sangrado se procede a taponar la zona con gasa estéril fijándola con algunas vueltas de venda suave y con esparadrapo; si se trata de un cuerpo extraño no se debe presionar: el vendaje se sujetará de tal manera que el posterior traslado no provoque después daños. Hasta la llegada del veterinario, que dará las instrucciones adecuadas, se controlará cada cierto tiempo la integridad del vendaje que, en cualquier caso, el veterinario podrá eliminar luego con toda facilidad.

consiguiente mostrar cierta resistencia a abandonarlo, incluso en situaciones de emergencia.

▶ El **badal** es un método de contención tan eficaz como cruel y brutal, y se usa muy frecuentemente para inmovilizar al caballo. Se desaconseja emplearlo porque causa dolores en nariz y boca, provocando

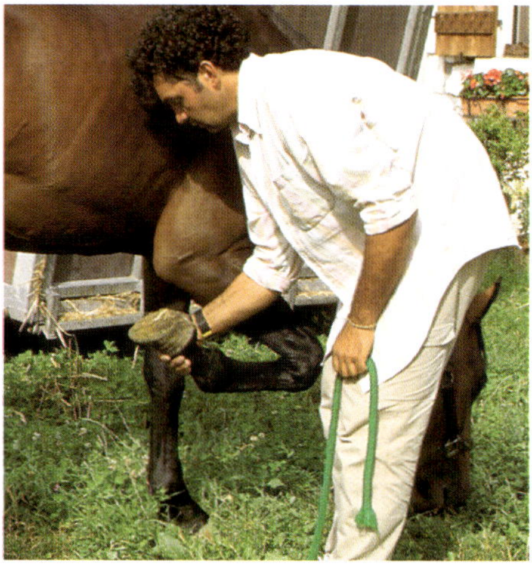

Para inmovilizar al animal momentáneamente, será suficiente con cogerle de una pata.

graves consecuencias, daños en la sensibilidad y en el olfato del equino, necesarios para reconocer la calidad de los alimentos. Cambiando el modo de actuar en los enfrentamientos con el caballo cambia también su actitud, a menudo de forma radical.

Como testimonio de lo expuesto tenemos el ejemplo de una yegua a la que inicialmente era "indispensable" inmovilizar con el badal cada vez que se le renovaban las herraduras. Sin adiestramientos especiales o difíciles –**jugando con su buena memoria**, es decir, buscando no reavivar los recuerdos brutales o dolorosos–, en la actualidad esta yegua soporta tranquilamente el trabajo del herrero; la cuerda unida a la cabeza es más una costumbre que un medio para sujetarla.

INTERVENCIÓN Y MEDICACIÓN

Recuérdese una vez más la necesidad de que el veterinario indique lo que se debe hacer mientra llega, o bien, si su intervención no es necesaria, cómo ejecutar del mejor modo sus instrucciones telefónicas.

En realidad no es difícil prestar los primeros auxilios a un caballo, basta con tener un poco de práctica. Es bueno hacer pruebas en condiciones normales, de manera que en las urgencias se sepa exactamente cómo comportarse sin perder tiempo; así también el caballo sabrá reconocer movimientos y objetos, y de este modo estará más relajado.

▶ Es mejor evitar envolverle las patas al caballo: un **vendaje** mal puesto puede causar daños. En cualquier caso, lo mejor para evitar excesivas pérdidas de sangre es un vendaje; aunque sea hecho por manos inexpertas es un mal menor. El veterinario dará las instrucciones precisas sobre cómo administrarle los distintos medicamentos.

▶ Si el caballo se lastima **en verano** será necesario tener tapada la herida para evitar que los insectos, debido al calor, lo infecten con las consabidas consecuencias.

▶ Si después del trabajo en el picadero o en el paseo, el caballo **se resiente de los tendones o las articulaciones**, antes de arriesgarse a considerar un "vendaje de descanso" será bueno tratar de eliminar las posibles causas: el trabajo ha sido fatigoso o poco adaptado al ejemplar; el animal está mal alimentado; o a lo mejor la herradura es vieja o está mal puesta; o bien puede tratarse también de una "salida rápida" con animales todavía fríos, o de un terreno poco adaptado a sus cascos. En cualquier caso, será siempre el veterinario quien nos enseñará cómo ejecutarlo técnicamente y en qué circunstancias aplicar los distintos vendajes (semirrígidos, de reposo, etc.).

Administrar medicinas

La correcta suministración de un fármaco es fundamental para lograr el éxito en el cuidado del animal. Generalmente los medicamentos hay que administrarlos por vía oral, por vía intramuscular o intravenosa, para aplicaciones locales o parciales. También son a veces suministrados por inhalación o por vía rectal.

Por vía oral

▶ En caso de **preparados sólidos o en polvo**, se mezclan generalmente con los alimentos. Si tienen un sabor agradable para el animal, bastará mezclarlos en los alimentos dándoles tan solo un par de vueltas, para evitar que el polvo se deposite en el fondo. En los casos en los que las medicinas tengan un sabor desagradable, será suficiente mezclarlas con miel o melaza antes de echárselas en la comida o bien depositarlas directamente sobre la lengua del animal con ayuda de una cuchara de madera grande y larga.

Las **medicinas homeopáticas** se depositarán debajo de la lengua y, si resulta imposible, en la cara interna del belfo, cuidando de que no se caigan.

Un caballo con gripe tiene una tos seca (B) y puede echar sangre por la nariz (A).

▶ Para administrar los **medicamentos líquidos o en polvo soluble** resulta muy útil habituarse a usar el cubo, en vez de los bebederos automáticos, para dar de beber al caballo: será suficiente en este caso con poner la medicina en el cubo junto con el agua. Si el bebedero es automático será necesario dejar al animal sin beber durante un lapso breve y después ofrecerle un cubo con el fármaco disuelto en el agua.

Inyecciones

▶ Es importante aprender a poner inyecciones al caballo porque en muchos casos la inmediatez con la que se actúa es fundamental para el buen éxito de la cura; puede suceder que el veterinario nos dé instrucciones precisas a este respecto por teléfono. Después hay que saber cuáles son los puntos idóneos para aplicar la inyección y cómo ponerla, recordando siempre:

– controlar que la jeringuilla sea estéril (utilizar siempre jeringuillas de un solo uso);
– desinfectar el tapón de goma al hacer un agujero para sacar el medicamento;
– sacar la medicina aspirando con la aguja en el frasco, verificando que no se forman burbujas de aire golpeando la jeringuilla con la uña y haciendo salir una gota de la aguja;
– desinfectar la parte de piel en la zona donde será puesta la inyección.

▶ Para poner una inyección a menudo es suficiente acercarse al caballo con la jeringuilla preparada y con un dedo golpear repetidamente sobre la zona del cuerpo que vamos a pinchar; cuando el animal se acostumbra a ello ya no reacciona. En este momento se pone la inyección.

Paseos

▶ Los imprevistos que pueden acontecer en el campo son de diversa naturaleza, pero la regla común para prevenirlos es adoptar un comportamiento sensato y responsable, eligiendo un recorrido al alcance de todos, animales incluidos.

Es imprescindible **evitar agotamientos inútiles** que causarán a jinete y caballo peligrosas pérdidas de atención y de concentración, lo que incrementa a su vez los inevitables riesgos.

▶ Antes de partir del recinto, se preverán las etapas para no forzar el ritmo. Lo conseguiremos **alternando las andaduras**. Al paso el caballo puede hacer mucho camino cansándose menos, por eso los tramos recorridos al trote y al galope deben ser limitados. Cuando se trota se mantiene una andadura suelta y muy alargada: el trote largo es más fatigoso para el caballo que un galope corto. Debe evitarse trotar sentado (se carga demasiado sobre el lomo), y

CÓMO PONER INYECCIONES

La primera vez que se pone una inyección es bueno hacerse guiar personalmente del veterinario, aprovechando su intervención: en el momento preciso aumenta la seguridad y no se cometen errores. Las inyecciones intramusculares se pondrán en cuello y nalgas; la intravenosa en la yugular que se marca prominentemente a lo largo del cuello. Hay que actuar con mucha precaución, como si la inyección se pusiera en una persona, siguiendo los consejos dados en estas páginas. Después de comprobar que la aguja está bien unida a la jeringuilla, se introduce en el frasco y se inyecta en el interior un poco de aire (unos 2 mm): esto facilita la aspiración del fármaco. Se aspira el producto y se elimina el aire de la jeringuilla.

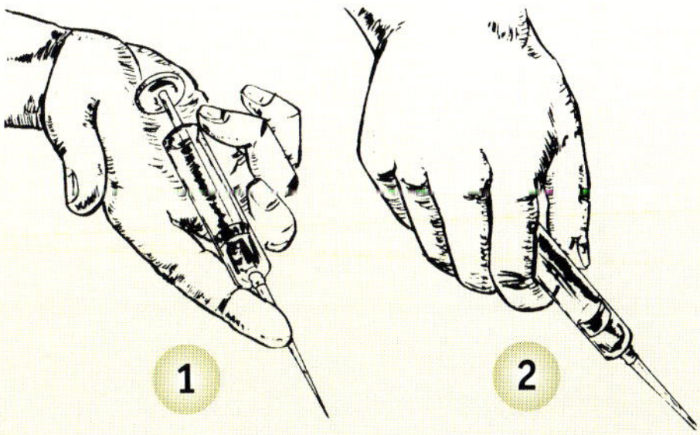

- **Inyecciones intramusculares**: *se coge la jeringuilla como en el dibujo 2 y se introduce la aguja en la zona del cuerpo previamente seleccionada; se aspira ligeramente para estar seguros de no haber pinchado un vaso (aparecería la sangre en el interior de la jeringuilla); si así fuese se introduce la aguja un poco más y se prueba a aspirar de nuevo, o bien se repite la operación cambiando el punto de entrada. Una vez encontrado el punto justo se presiona lentamente el émbolo, se extrae la aguja y se masajea bien la zona.*
- **Inyecciones subcutáneas**: *se ponen en el tejido subcutáneo, situado entre la piel y los haces musculares. Se coge la piel en el punto seleccionado entre el pulgar e índice y se levanta todo lo posible; después, se desinfecta la zona. A continuación, se coge la jeringuilla de la forma que muestra el dibujo 1, se apunta en dirección a la piel levantada y se busca introducir la aguja desde abajo hacia arriba. Se mete con decisión la aguja en la piel unos 2 cm y se empuja el émbolo hasta el fondo; se saca por fin lentamente la aguja y se masajea bien la piel para favorecer la absorción del líquido y mitigar el dolor que el animal experimenta.*
- **Inyecciones intravenosas**: *se aconseja evitar poner este tipo de inyección, a menos que, vista la extrema gravedad del caso, el veterinario mismo nos lo ordene.*

El color evidencia la zona más apta para poner inyecciones. El área ovalada del cuello se utiliza en general para las intramusculares. La otra zona es la prominencia que forma la yugular, donde acostumbran a ponerse las intravenosas.

trotar y galopar sobre terrenos duros, para evitar golpes dolorosos en los cascos.

El galope, aunque es la andadura más veloz, resulta peligroso si no se conoce bien el terreno que se está recorriendo; además, si el galope es demasiado largo fatigará al caballo en exceso.

▶ Sobre todo si el terreno es muy empinado, deberán **recorrerse algunos tramos a pie**, dando así un poco de reposo al caballo, mientras que nosotros estiramos las piernas.

▶ Cuando demos paseos debemos estar atentos a todo lo que come y bebe el caballo, porque beber en mal momento puede resultar muy peligroso para la salud del animal.

Es necesario **evitar que ingiera pequeñas cantidades de líquido durante el recorrido**, sobre todo si el animal está fatigado; el momento justo para abrevar es cuando, después de un descanso en el que el caballo ha tenido tiempo para que se le seque el sudor y para volver al ritmo respiratorio y cardiaco normal, es casi la hora de regresar.

Naturalmente el agua debe estar limpia, ser perfectamente potable y no estar demasiado fría.

▶ Cuando decida descansar un rato deberá ocuparse, **antes que de sus exigencias, de las del caballo**; si el descanso es corto aflojamos la cincha, pero si nos detenemos durante más tiempo quitamos la silla. Finalmente procure que el pelo de debajo de la silla no esté mojado, en caso contrario el caballo moverá las patas delanteras hasta estar seco.

▶ Sujetamos al caballo por el cabezal para apartarlo de peligrosas corrientes de aire y ponerlo **a resguardo** del sol directo, especialmente en los meses más cálidos del verano. Atención a la longitud de la cuerda con la cual está atado para evitar rozaduras; el lugar escogido debe carecer de salientes u otros peligros. En caso de tener que atar al caballo cerca de otros animales, hágase de tal forma que no exista la posibilidad de hacerse daño entre ellos.

ENCORDADURAS

Durante un descanso es importante la forma de atar el caballo, para evitar que pueda "encordarse"; no es adecuado en ningún caso atarlo demasiado corto, también él tiene derecho a relajarse y pastar por aquí y por allá. Un consejo útil: llevar dentro de las alforjas unas cinchas de cuero (se encuentran con facilidad en las tiendas) unidas por una pequeña correa; generalmente, aplicada a las patas anteriores del caballo, permite al animal dar pequeños pasos que le resultan suficientes para pastar, pero no le dan ocasión de salir galopando.

ENFERMEDADES

Existen una serie de casos urgentes en los cuales es necesaria la intervención del veterinario. Tenemos la responsabilidad en estos casos de no perder un tiempo precioso antes de llamarlo ni esperando su llegada. Para utilizar mejor este periodo es importante que exista un buen entendimiento con el veterinario; así, será preciso perder un poco de tiempo durante los primeros encuentros para poder hacer algunas consideraciones teniendo en cuenta estos aspectos:

- los **síntomas:** cómo reconocer el problema de la forma más precisa posible;
- las **causas:** saber reconocer los indicios localizados en el box o en la cuadra;
- **qué hacer** como primera intervención;
- **qué no hacer** jamás: saberlo resulta a menudo lo más útil para evitar daños posteriores.

PREVENCIÓN

Hay quien dice que un gramo de prevención vale más que un kilo de cuidados. Los cuidados cotidianos, constantes, la perfecta limpieza de los ambientes de la cuadra y la observación de las normas de seguridad elementales evitarán sufrimientos al caballo y muchas de nuestras preocupaciones.

Acostumbrémonos a observar y tocar al caballo, aprovechando el momento de la limpieza, se tenga en casa o en un picadero: es el momento de percibir los eventuales problemas que aquejan al animal.

FIEBRE

Para saber si el caballo tiene fiebre es muy útil la experiencia del contacto constante con él: se dará cuenta enseguida de que el caballo está más caliente de lo habitual, y en ese caso se medirá la temperatura con un termómetro.

La temperatura normal se aproxima a los 38 °C para los adultos y unos 38,5 °C en los potros. Si la temperatura de un ejemplar supera los 38,5 °C o es inferior a los 37,6 °C deberá llamar al veterinario. La temperatura se mide por vía anal, teniendo cuidado de que no expulse el termómetro o, peor todavía, que lo aspire.

EVITAR LAS ROZADURAS

Debemos aprender a ensillar correctamente al caballo: de otra manera se corre el riesgo de causarle **rozaduras.** Las rozaduras son heridas provocadas por el repetido rozamiento de algunas partes de la silla, debajo de la barriga o de los pectorales, sobre la piel del animal.

Las manchas de pelo blanco, sobre todo en las regiones dorsales, son la prueba de que el caballo ha tenido aquí estos proble-

CÓMO ENSILLAR CORRECTAMENTE

Para evitar rozaduras en la cruz y la espalda del caballo es importante la limpieza y el perfecto mantenimiento de los arreos. Puede pasar que con el transcurso del tiempo el sudor del caballo, de naturaleza ácida, corroa el cuero poniéndolo duro y rígido.
Conviene pues verificar que la silla tenga la blandura correcta y que se adapte bien al cuerpo del caballo, de modo que ensillemos siempre como es debido. Mucha atención a la zona bajo la silla: debe estar estirada para que no forme pliegues y quedar ligeramente levantada sobre la cruz. Igual atención debe ponerse en las cinchas para que no pellizquen la piel.

En caso de rozadura (a la izquierda de estas líneas) el primer socorro consiste en no ensillar al caballo y dejarlo en reposo. Para curarla han de seguirse los consejos del veterinario; algunos aconsejan friccionar la parte lesionada con agua y alcohol para endurecer la piel y acelerar la curación.

mas; debemos recordar que las rozaduras dejan siempre señales.

▶ Los bajos de la silla deberán estar siempre limpios; la silla deberá estar adaptada a la espalda del animal (al comprar la silla se empleará el mismo cuidado, o más, que cuando se compró el caballo), deberá tenerla limpia y engrasada; el mismo tratamiento deberán recibir las cinchas y todas las partes que estén en contacto con el caballo.

▶ Si a pesar de su atención aparece el mismo problema de rozamiento, deberá no sólo consultárselo al veterinario, sino también buscar las causas para evitar que el mismo problema se repita, se haga crónico y origine llagas.

EL TEST COGGIN

No se trata de una vacuna, sino de un análisis que se efectúa para cerciorarse de que el caballo no sufre de anemias infecciosas, enfermedad vírica a menudo causada por insectos que, chupando la sangre, la difunden. Este test se pide obligatoriamente junto a los certificados de vacunación para permitir la entrada de un caballo a una cuadra o su participación en un concurso o competición pública, pero también para su transporte. El test lo efectúa un veterinario del organismo autonómico competente o el propio veterinario de confianza autorizado. Este test, así como cualquier otra información útil, es bueno presentarlo ante la unidad sociosanitaria de zona antes de efectuar un traslado del caballo. Los exámenes varían según la reglamentación vigente en cada comunidad.

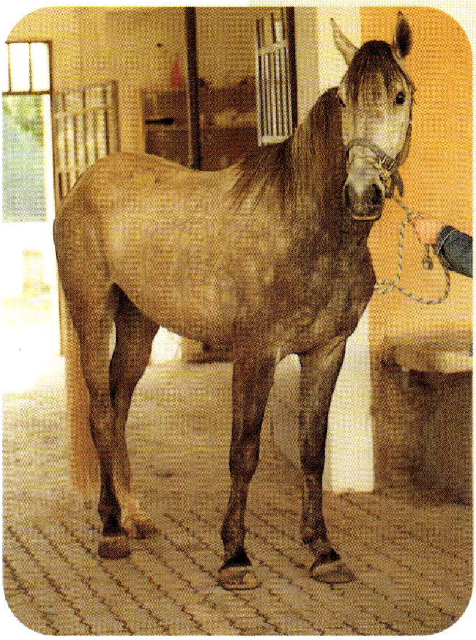

Desparasitación

Otro problema es la verminosis: al caballo hay que desparasitarlo periódicamente. Obsérvense con atención las heces para advertir la presencia de parásitos, si se rasca con insistencia la base de la cola se vuelve fibrosa y se desgreña, si se pone anémico y desganado y su pelo es opaco. Puede fácilmente verificar la presencia de parásitos internos con un simple análisis de heces en un laboratorio.

▶ También en este caso el veterinario será el más indicado para dar instrucciones precisas en cuanto a modos, tiempos y productos que se puedan usar –los cuales, siendo productos químicos, pueden tener efectos secundarios para el hígado–; aparte de todo esto, trate de cambiar a menudo de producto para obtener una acción más completa.

▶ Generalmente, como medida preventiva, los caballos que viven permanentemente en cuadras son desparasitados 2 veces al año; los que viven en corrales, cada 2 meses y los potrillos, cada 30–40 días. En cualquier caso –no nos cansaremos de repetirlo–, se consultará todo lo que atañe a la desparasitación con el veterinario.

Vacunaciones

Algunas vacunaciones son obligatorias a la hora de participar en un concurso o si el caballo va a ser estabulado, aunque sea

VICIOS COMUNES

La forzada reclusión en el box –de potrillo, cuando estaba lleno de energía que gastar– puede haber llevado al caballo a adquirir toda una serie de vicios y posturas estereotipadas y de difícil solución; sólo se van eliminando con infinita paciencia y una vida sana al aire libre. Los menos graves (los que no provocan daños físicos) son el baile del oso (el animal se balancea continuamente sobre las patas anteriores), la lanzadera (arriba y abajo la cabeza sin parar) o trazar círculos constantes con la cabeza. En la página 52 se presentaron consejos útiles concernientes a los vicios de morder y apoyar la corona de un casco sobre otro. Veremos ahora cómo resolver el vicio de apoyar. Ciertos caballos apoyan el mentón y los dientes en el borde del comedero (de la puerta, de la ventana, del bebedero o en cualquier otro punto) y comienzan a deglutir aire de manera ruidosa. Las consecuencias para su salud son notables: desde simples problemas digestivos o colitis, a dañarse los dientes con la consecuencia de dificultar la masticación. El vicio de apoyar suele ser consecuencia de aburrimiento, ocio excesivo o trato inadecuado.

Algunas teorías afirman que este vicio es debido al alejamiento precoz del potrillo de su madre y como solución proponen una especie de lactancia con biberón. A menudo este problema se resuelve, igual que en los casos de los caballos que muerden, evitando que el equino se sienta encerrado y se aburra.

solo temporalmente, en una cuadra donde hay otros caballos.

▶ **Tétanos:** los cortes y rozaduras, que los caballos sufren a menudo, son vehículos potenciales de esta bacteria. Si el animal está vacunado desde los cuatro años,

se procede a la inoculación de otras dosis, sin otros efectos que el entumecimiento en la zona donde se ha pinchado (que no dura más de 3-4 días).

El potro que no ha recibido calostros suficientes de su madre o que es hijo de una yegua no inmunizada, debe ser protegido inyectándole suero inmunizador cuando se haga heridas.

▶ **Antigripal equina:** previene ciertos procesos del aparato respiratorio. Es una vacuna que resulta obligatoria en todas las cuadras.

▶ **Rinoneumonía:** virus que se localiza en el aparato respiratorio, genital o nervioso; puede ser epidémico y originar graves consecuencias.

Existen vacunas preparadas con virus atenuados que ofrecen amplias garantías de tolerancia y de eficacia, y que normalmente se usan como medida de prevención.

▶ A continuación se presenta un **programa de vacunaciones** generales aconsejables para el caballo.

Vacunas antigripales: consiste en tres vacunaciones, a partir del cuarto mes de vida: la primera y la segunda, con un intervalo de 4-6 semanas la una de la otra; la tercera, a los 6 meses de la segunda. El recuerdo se pondrá cada 6 (máximo 9) meses.

Vacuna bivalente gripe-tétanos: consiste en tres vacunaciones a partir del cuarto mes de vida: la primera y la segunda, con un intervalo de 4-6 semanas (la vacuna bivalente); la tercera (solamente la vacuna antigripal), a los 6 meses de la segunda, máximo 9 meses; con intervalos de aproximadamente 24 meses la vacuna del tétanos: primero un recuerdo con vacuna bivalente, segundo y tercer recuerdo con antigripal, y cuarto con bivalente.

QUÉ HACER

Todo el que tenga que ver con caballos puede encontrarse en la tesitura de tener que intervenir sobre un animal que ha sufrido alguna contingencia para prestarle los primeros auxilios mientras llega el veterinario. Es importante no empeorar la situación haciendo las cosas mal y seguir exclusivamente las instrucciones que el veterinario nos haya indicado o nos indique por teléfono en el momento.
Es importantísimo no perder la cabeza y actuar guiados por el buen sentido, sin exagerar.

TRAUMAS Y HERIDAS

Los **traumas** más frecuentes son los concernientes a las articulaciones, el tórax y la cabeza. El caballo puede hacerse daño también solo, enganchándose los cascos uno con otro o con las patas. Para evitar estos inconvenientes es importante controlar constantemente las herraduras y contar con un buen herrero.

Las **heridas** pueden ser de diversos tipos y gravedad. Conviene evaluar siempre con precisión la extensión y la profundidad, para podérselo contar al veterinario si se necesita de su intervención.

Si se confirma una **hemorragia**, hay que taponar la herida en espera de la intervención del veterinario en caso de que sea grave; si no se limpia con agua corriente y jabón.

Excoriaciones

Son fácilmente reconocibles, porque afectan a los estratos más superficiales de la piel. La parte implicada se queda sin pelo y enrojecida, pero la pérdida de sangre es escasa.

▶ Una excoriación está siempre sucia e infectada por cuerpos extraños (tierra, paja, mantillo, pintura, etc.); hay que limpiarla bien.

Laceraciones

Son heridas a menudo profundas, que presentan la característica de tener bordes irregulares y mellados y en algunos casos faltan pedazos enteros de tejido; puede hacerse sangrías cuya gravedad dependerá de la importancia de los vasos comprometidos. Generalmente las laceraciones son causadas por un golpe con un objeto puntiagudo (con alambre espinoso, puntas de verjas, etc.).

▶ En este caso, como en los otros, es importante tener instrucciones precisas del veterinario sobre cómo intervenir y los productos que se deben usar para no comprometer la cura.

Heridas por cortes

Pueden ser más o menos profundas y se caracterizan por bordes generalmente enfrentados y limpios. El tejido superficial esta dañado sólo en la zona cortada pero el peligro mayor, además de la hemorragia, es que esté lesionando también tendones y nervios.

Pueden ser causadas por objetos metálicos afilados, como latas de conserva o cristales procedentes por ejemplo de botellas rotas.

▶ Se debe favorecer la salida de la sangre (excepto en los casos de graves hemorragias): esto puede servir como primera limpieza de la herida. El veterinario decidirá si hay que hacer una sutura.

Herida punzante

Se trata de verdaderos "agujeros" más o menos largos y profundos, causados por impacto de objetos puntiagudos (clavos, puntas, etc.). El peligro de este tipo de heridas es que en el interior del agujero puede quedar suciedad que no se quitó bien en un primer examen y que podría ser causa de infecciones.

▶ También en este caso la salida de la sangre (si no es grave la hemorragia) resulta útil como primera limpieza de la herida; después se seguirán los consejos del veterinario. En general es suficiente inyectar en el agujero el desinfectante con una jeringuilla sin aguja.

Hemorragias

Este término indica pérdida de sangre más o menos grave, según la importancia de los vasos sanguíneos comprometidos. Se tapona la herida con gasa estéril (es recomendable llevar siempre alguna); si no sangra mucho también se puede usar un pañuelo.

Cuando se va de paseo o se hace senderismo es conveniente llevar un equipo médico, para poder efectuar unos primeros auxilios si se presenta la ocasión.

▶ En caso de que taponando no se detenga la hemorragia, se necesitará reforzar el tapón agregando más gasa, apretarlo sobre la herida con una venda bastante estrecha y después con una venda elástica (vendaje compresivo); a continuación, consulte con el veterinario.

▶ Las **hemorragias arteriales** son las más graves –pero también las menos frecuentes ya que los vasos sanguíneos que intervienen son los más profundos–. Resulta impresionante por la pérdida de sangre, que a menudo salpica, y tiene consecuencias en el caballo (muy sensible a nuestros cambios de humor): actuar rápida y adecuadamente es importante para que el daño sea el menor posible.

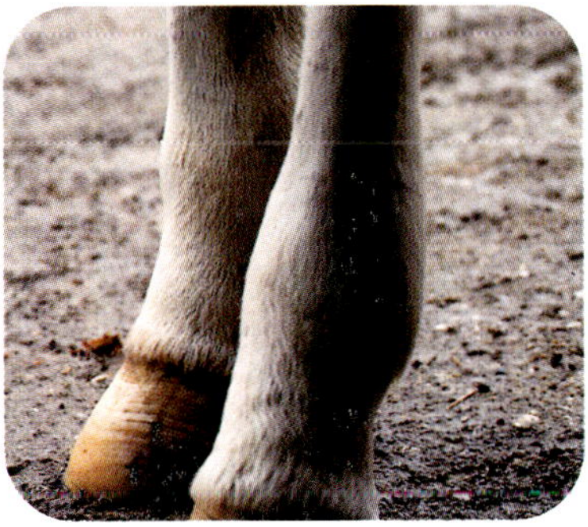

El golpe en las patas puede ser también debido a contusiones seguidas de patadas de otros caballos, golpes contra obstáculos o bien caídas. Son más bien dolorosas, pero si no están acompañadas de lesiones en órganos internos o huesos no hay que preocuparse. Para aliviar el hematoma es importante refrescarlo con agua.

▶ Debe procurarse mover al caballo lo menos posible, porque el movimiento acelera el flujo de la sangre, y tranquilizarlo por todos los medios (también la agitación acelera el flujo de la sangre).

En el ínterin, se manda a alguien a avisar al veterinario con la máxima urgencia. En caso de estar solos, es importante en primer lugar cortar la hemorragia y eliminar las causas del traumatismo: no puede olvidarse que el animal está asustado y siente dolores, por lo que hay que proceder de tal forma que durante nuestra ausencia no se haga daño.

Si la herida afecta a una pata, para cortar la hemorragia será necesario servirse de un vendaje compresivo muy apretado; en caso de que la hemorragia no se interrumpiera no se insistirá en la presión, sino que añadiremos un tapón en consonancia con las dimensiones de la herida y luego la vendaremos.

Otra posibilidad es aplicar un torniquete apretándolo por encima del punto donde se ha producido la herida (acción sobre los vasos arteriales) o por debajo de ésta (acción sobre los vasos venosos) para interrumpir el flujo sanguíneo.

También en este caso, para no cometer errores, lo mejor es preguntar al veterinario con antelación qué hacer.

▶ Si la hemorragia, en vez de comprometer una extremidad, afecta una parte del cuerpo que no se puede vendar, su resolución será más complicada: consulte esta circunstancia con el veterinario.

Contusiones

Se trata de golpes más o menos graves sin laceraciones de la piel, causados frecuentemente por coces de otros caballos, choques contra obstáculos o caídas.

▶ Para evitar en lo posible la formación de **hematomas** (roturas internas de pequeños vasos sanguíneos y consecuente restaño de la sangre en la zona golpeada), es útil refrescar pronto esa zona con agua fría o con trozos de hielo, o bien usar productos medicinales como las pomadas de árnica, de probada eficacia.

▶ Un trastorno que aparece con bastante frecuencia, y que causa problemas serios si no se cura como es debido, es la **lesión** que se forma bajo los cascos a causa de una piedra incrustada en la herradura o en la ranilla (como prevención es útil examinar los cascos antes y después del trabajo y, sobre todo si el terreno es pedregoso, durante) o de un galope sobre terreno duro e irregular (recordemos que es siempre mejor galopar sobre prados blandos y terrenos arenosos).

Teniendo en cuenta que este trastorno puede dar lugar a hinchazones en las partes inferiores de las patas, se debe prestar mucha atención a prevenirlo y, si esto no bastara, seguir atentamente los cuidados prescritos por el veterinario.

CUÑAS

Los expertos conocen métodos para poner una cuña; los aficionados han de limitarse a observar la andadura del caballo y, si carece de la armonía habitual o el ritmo no es regular, deben consultar cuanto antes con el veterinario y con el herrero.

Cuando ocurran imprevistos como los descritos lo mejor es consultar con el veterinario. En algunos casos su intervención deberá ser muy inmediata.

▶ Se trata de no hacer demasiado caso de las "voces de la cuadra", que en ocasiones formulan juicios temerarios. Muchos caballos apresuradamente declarados "para el matadero" no sólo han recuperado la salud sino que además han conseguido alcanzar metas inesperadas gracias a los pacientes cuidados de personas de buena voluntad.

ASISTENCIA RÁPIDA

También para los animales es posible hoy elegir el tipo de medicina que queremos (alopática, homeopática, natural). Al propietario corresponde la elección, pero recuérdese que también en veterinaria las curas naturales tienen efectos positivos y ausencia de efectos colaterales. Además, estos métodos terapéuticos facilitan el contacto con el animal, y el veterinario especializado en estas técnicas tiene más necesidad de colaborar con el propietario del caballo.

En las páginas siguientes se ofrecen unas fichas para asegurarse de en qué casos se puede intervenir y en cuáles no, además de incluir algunos consejos para saber actuar en caso de que sean necesarios los primeros auxilios. No pretendemos otra cosa que consignar unas breves indicaciones sobre los síntomas (útiles para individualizar rápidamente el problema), sus posibles causas (importantísimo es saber reconocer también los indicios que podamos encontrar en el box o en el corral, donde vive el caballo), lo cual se puede hacer mientras llega el veterinario, y que lo que se haga se haga con propiedad y sea beneficioso para el animal.

Esta información requiere siempre la ayuda y las opiniones del veterinario. El manual se convertirá así en un vademécum útil y práctico que hemos de tener a mano junto con el resto del equipo, y que además puede sernos de gran utilidad durante los paseos.

AFECCIONES RESPIRATORIAS

ADENITIS EQUINA – HUÉLFAGO – PULMONíA – TOS

SÍNTOMAS

– mocos, agotamiento, tos

POSIBLES CAUSAS

– infecciones virales y bacterianas, agudas o crónicas

QUÉ HACER PRIMERO

– airear el local, consultar al veterinario

QUÉ NO HACER NUNCA

– suministrar medicamentos sin saber las causas

CÓLICOS

SÍNTOMAS

– se mira el costado, suda, escarba, se acuesta

POSIBLES CAUSAS

– errores en la alimentación, errores (humanos) de trabajo (caballos mal alimentados)

QUÉ HACER PRIMERO

– hacer caminar al caballo, llamar inmediatamente al veterinario

QUÉ NO HACER NUNCA

– infravalorar los síntomas, suministrar fármacos sin un diagnóstico preciso

GOLPE DE CALOR

SÍNTOMAS

– aturdimiento (cansancio), sudor

✎ ....

....

POSIBLES CAUSAS

– box poco aireado, trabajo excesivo

✎ ....

....

QUÉ HACER PRIMERO

– agua fresca por la cabeza, airear el ambiente, consultar con el veterinario

✎ ....

....

....

CONJUNTIVITIS

SÍNTOMAS

– lagrimeo, párpados cerrados

✎ ....

....

POSIBLES CAUSAS

– golpes de ramas, moscas, uso erróneo de útiles de limpieza (presiones sobre los ojos, golpes de peine en los ojos, etc.)

✎ ....

....

QUÉ HACER PRIMERO

– limpiar las partes interesadas calmándolas con manzanilla, consultar con el veterinario

✎ ....

....

....

QUÉ NO HACER NUNCA

– usar pomada con cortisona

✎ ....

....

....

DIARREA

SÍNTOMAS
– cola y grupa manchadas de heces

POSIBLES CAUSAS
– alimentación excesiva o cualitativamente errónea, parasitosis

QUÉ HACER PRIMERO
– dieta de heno, poner a disposición del caballo agua a voluntad, consultar al veterinario

DESHIDRATACIÓN

SÍNTOMAS
– aturdimiento (cansancio) sensorial, delgadez, falta de elasticidad en la piel

POSIBLES CAUSAS
– diarrea, nefritis, bebedero roto

QUÉ HACER PRIMERO
– llamar inmediatamente al veterinario, hidratar (soluciones fisiológicas en vena), asegurarse de que tenga agua disponible

HERIDAS POR CLAVOS

SÍNTOMAS
– cojera

POSIBLES CAUSAS
– perforaciones de la suela o de la ranilla provocadas por clavos

QUÉ HACER PRIMERO
– extraer el clavo y desinfectar con yodo, consultar al veterinario

INTOXICACIONES Y VENENOS

MORDEDURA DE VÍBORAS - PICADURAS DE INSECTOS - DIVERSOS VENENOS

SÍNTOMAS
– la picadura de insecto, lesiones características con hinchazones dolorosas y calientes
– mordedura de víbora: la zona del mordisco fría y azulada

QUÉ HACER PRIMERO
–para picadura de insecto: aplicar pomadas antihistamínicas o bien Apis (si usa productos homeopáticos)
–para mordedura de víbora, hendir profundamente la zona para hacer salir la sangre. Para envenenamientos de otra clase llamar urgentemente al veterinario

QUÉ NO HACER NUNCA
– para mordeduras de víbora, hacer andar al caballo

NB: El antídoto para la mordedura de víbora no está siempre disponible en las farmacias y sólo puede ser suministrado por personal médico o socorristas.

SHOCK

SÍNTOMAS

– caballo en el suelo, desvanecido o despierto, con ojos aterrorizados

POSIBLES CAUSAS

– innumerables, desde inexperiencia en el manejo del animal a incidentes de todo tipo

QUÉ HACER PRIMERO

– llamar inmediatamente al veterinario, echarle agua fría sobre la cabeza o bien corticoides por prescripción

SOFOCOS, AHOGO, ASFIXIA

SÍNTOMAS

– ojos aterrorizados (en blanco), cuello alargado, estirado y tenso

POSIBLES CAUSAS

– pienso con polvo (pieles de mala calidad que cuando las tocas se desmoronan y forman bolas que se alojan en la garganta del caballo asfixiándolo) o muchas otras causas

QUÉ HACER PRIMERO

– telefonear con urgencia al veterinario (es uno de los casos más graves)

QUEMADURAS

SÍNTOMAS
– llaga en la piel

POSIBLES CAUSAS
– contacto con tuberías calientes (motores, agua caliente)

QUÉ HACER PRIMERO
– refrescar la zona quemada con agua fría; si la quemadura es pequeña, desinfectarla; poner mercromina si hay llaga

QUÉ NO HACER NUNCA
– cubrir con materiales distintos de los específicos para las quemaduras

QUEMADURAS ELÉCTRICAS

SÍNTOMAS
– shock (véase)

POSIBLES CAUSAS
– errores humanos (cables eléctricos descubiertos, etc.)

QUÉ HACER PRIMERO
– echar agua fría o desinfectar y aplicar mercromina donde hay llaga

SÍNTOMAS

—

POSIBLES CAUSAS

—

QUÉ HACER PRIMERO

—

QUÉ NO HACER NUNCA

—

SÍNTOMAS

—

POSIBLES CAUSAS

—

QUÉ HACER PRIMERO

—

QUÉ NO HACER NUNCA

—

SÍNTOMAS

POSIBLES CAUSAS

QUÉ HACER PRIMERO

QUÉ NO HACER NUNCA

SÍNTOMAS

POSIBLES CAUSAS

QUÉ HACER PRIMERO

QUÉ NO HACER NUNCA

ÍNDICE